김중혁
소설가. 메모 전문가. 종이에 낙서하기 전문가.
백여 개가 넘는 메모 애플리케이션을 사용하며, 수백 권의
노트에다 메모를 남겼다. 그중 몇 개의 메모는 소설이 되었고
몇 개의 메모는 에세이가, 몇 개의 메모는 그림이 되었다.
그중 몇 개의 메모는 농담이 되었고, 그중 몇 개의 메모는
수면 위로 떠오를 때를 기다리며 잘 쉬고 있다.

미묘한 메모의 묘미

© 김중혁 2025
이 책은 저작권법에 의하여 한국 내에서 보호를 받는 저작물이므로
무단전재와 복제를 금합니다. 이 책 내용의 전부 또는 일부를 이용하려면
도서출판 유유의 서면 동의를 얻어야 합니다.

미묘한 메모의 묘미

시작은 언제나 메모였다

김중혁

들어가는 말
메모는 세상을 이해하는 방법

우리는 왜 메모를 할까? 본능일까, 강박일까. 멍하니 앉아 있을 때 나도 모르게 뭔가 적고 있다. 쓰지 않으면 안 될 것 같다.

> 세상에 살고 있는 사람의 숫자만큼 다양한 메모가 있다. 낙서도 메모다. 전화번호를 빈 종이에 적기도 하고 누군가 불러 주는 숫자를 적기도 한다. 뜬금없이 하트 모양을 그리기도 한다. 그림도 메모, 달력에 적는 스케줄도, 가계부 쓰기도 메모다. 메모는 한 글자일 수도 있고 수십 페이지일 수도 있다.

메모는 일관적이지 않고 논리적이지 않은 우리를 닮았다. 메모를 바탕으로 오랫동안 생각해야 제대로 된 글을 쓸 수 있다. 메모는 우리가 잊지 말아야 할 것들이고, 세상을 이해하는 첫 번째 방식이고, 누군가를 기억하는 마지막 방법이다.

25년 동안 소설가로 살아왔고, 수백 권의 노트를 사용했으며(끝까지 다 쓴 노트는 많지 않지만), 스스로를 메모 장인이라 부른다. 'ㅁㅁ'을 좋아하는 편이다. 'ㅁㅁ'을 메모장에 적었더니 이런 단어들이 떠올랐다. '메밀' '묘목' '묘미와 미묘' '문맥' '메모', 렛츠고.

한 줄의 메모로 출발해 소설 한 편을 완성한 적도 있고, 메모장에 수백 명의 인물을 그린 적도 있으며, 풍경 스케치도 남겼다. 소설 속 인물 관계도, 레시피도 모두 메모장에 적었다. 다양한 블로그와 SNS에 메모를 남겼으며 휴대전화 메모장에는 무려 7천여 개의 메모가 들어 있다.

나는 메모한다, 그러므로 존재한다. 생각만 하고 메모하지 않으면 존재하지 않는 것과 마찬가지다.

1부에서는 나양한 메모의 방식을 소개했다. 무엇이든 메모일 수 있고, 메모 역시 완성된 작품이 될 수 있다. 우리가 남긴 메모들의 의미를 생각해 보았다.

2부에서는 그동안 사용해 온 여러 애플리케이션과 도구에 대해 썼다. 메모는 어떤 방식을 선택하느냐에 따라 내용이 달라진다. 좋은 메모를 위해 돈을 아끼지 않았던 그동안의 삶을 반성하면서 내가 겪었던 시행착오를 다른 사람들은 겪지 않았으면 좋겠다는 마음. 그러나 시행착오 역시 메모의 일부다.

3부에서는 추천하고 싶은 10가지 메모법을 소개했다. 10가지 모두 사용해 봐도 좋고 마음에 드는 한 가지만 써도 좋다. 중요한 건 나에게 가장 잘 맞는 방식을 찾아 그 방식으로 꾸준히 메모를 남기는 것이다.

    4부에서는 사적인 메모 역사에 대해 썼다. 그동안 어떤 내용의 메모를 썼으며, 어떤 메모가 살아남았으며, 어떤 메모가 소설 작품을 탄생시킬 수 있었는지에 대해 설명했다. 메모야말로 내가 누구인지 가장 잘 알고 있다는 생각이 들었다.

5부에서는 메모에 대한 긴 생각을 모았다. 오랫동안 메모를 해 오면서 메모의 정체가 궁금했는데, 나름대로 메모의 의미를 탐구해 본 결과물이다.

    메모에 대한 생각을 어떤 방식으로 전하면 좋을까 고민하다가 메모의 형태로 구성하기로 했다. 모든 글은 짤막한 메모처럼 독립적이지만, 한편으로는 유기적인 모듈의 부분이기도 하다.

메모는 누구나 한다. 세상 흔한 게 메모다. 그렇지만
메모를 얕잡아 봐서는 안 된다. 메모는 씨앗 같아서
그 안에 엄청난 생명체가 꿈틀거리고 있다. 씨앗 같은
메모에 물을 주어 큼지막한 나무로 키워 본 경험이
있는 사람으로서, 이 말을 꼭 해 주고 싶었다.

> "당신의 메모를 버리지 마세요. 다른 건 다 버려도
> 좋은데, 미니멀리스트로 사는 것도 좋은데, 메모는
> 버리지 마세요. 그 안에 뭐가 있을지 아무도 모릅니다.
> 직소퍼즐 맞추듯 메모를 다 이어 붙이면 당신이
> 될 것입니다."

이 책에서 당신만의 메모법에 대한 새로운 아이디어를
찾아내면 좋겠다.

들어가는 말 : 메모는 세상을 이해하는 방법 9

I 메모의 경험들
: 나는 메모의 총합이다

1 책에 남기는 메모 16
2 어둠 속의 메모 20
3 산책하면서 하는 메모 28
4 목표를 이루기 위한 메모 32

II 메모의 도구들: 쓰려고 다 써 봤다

1 메모 도구는 신체의 연장이다 38
2 메모 애플리케이션 사용기 50

III 메모의 방법들: 추천하는 10가지 메모법

1 작은 수첩에 메모하기 78
2 카드에 메모하기 83
3 표로 정리하기 92
4 마크다운 메모법 96
5 마인드맵 메모법 100
6 사진으로 메모하기 104
7 영상으로 매일 1초씩 메모하기 107
8 일어서서 벽에다 메모하기 112
9 목적에 따라 방식을 바꿔 메모하기 115
10 지도에 메모하기 124

IV 메모하는 사람: 메모는 내가 누구인지 알고 있다

1   메모하는 사람이 되기까지 132
2   요즘의 메모 143
3   소설을 위한 메모법 149
4   메모하는 사람의 하루 160

V 메모에 관한 단상: 호모 스크립터Homo Scripter

1   나는 메모한다, 존재한다 170
2   궁극의 메모 앱을 찾아서 176
3   세상의 수많은, 나와 다른 호모 스크립터 185

나오는 말 : 메모를 지우면 글이 완성된다 195

I 메모의 경험들
: 나는 메모의 총합이다

1

책에 남기는 메모

책 읽을 때 메모를 가장 많이 한다. 글을 읽어 내려갈 때면 말이 아닌 문자로 생각한다. 책 귀퉁이에 자신의 생각을 간단하게 적고, 떠오르는 걸 내키는 대로 써 본다.

  책을 쓴 작가는 오랫동안 고민하여 한 문장 한 문장을 써 내려갔겠지만 메모를 쓸 때는 고민이 없다. 책 내용에 괜히 시비를 걸어 보기도 하고, 공감하면서 밑줄을 그어 보기도 한다. 'ㅋㅋㅋ'를 써넣기도 하고 화가 난 이모티콘을 그려 넣을 수도 있다. 책 속의 문장은 단단해 보이는데, 메모는 거칠고 야만스럽게

느껴진다. 그게 매력이기도 하다. 책의 권위에
대드는 것 같다.

책에 메모하기를 싫어하는 사람도 많다. 중고로
되팔려고 메모를 하지 않는 사람도 있고, 책이
더러워지는 게 싫어서 그러는 사람도 있다. 맘에 드는
구절에 얇은 포스트잇을 붙이며 독서하는 사람도
많다. 포스트잇에 메모하는 사람은 세 가지를 모두
충족시키려는 사람이다. 책을 읽었다는 표시하기, 내가
좋아하는 문장이 어디에 있는지 표시하기, 포스트잇에
문장으로 생각을 남기기. 책 위에다 나만의 새로운
레이어를 붙이는 것이다. 좋은 메모 방식 같다.

    생각은 수동적이다. 생각은 새롭게 창조하는
것이라기보다 '떠오르게 두는' 것에 가깝다. 생각은
연상 작용인 경우가 많고, 감정의 부산물인 경우도
있다. 우리가 보고 듣고 만질 때 생각이 뒤따라온다.
책을 읽을 때 생각이 많아진다면 둘 중 하나다.
책에 집중하지 못하고 있거나, 책에 너무 집중해서
책 속 모든 문장에 반응하고 있거나.

책을 읽을 때 떠오르는 생각들을 적는 건 좋은 일일까?
거칠고 투박한 생각이라도 남겨 두는 게 좋을까?

사람마다 다르다. 완전무결한 형태로 정리된 메모를
남겨야 하는 사람도 있고, 순간의 흔적을 남기듯
메모를 남기는 사람도 있다. 책에 했던 메모를 시간이
한참 흐른 뒤에 다시 본 적이 있다면, 인간이 얼마나
변화무쌍한 존재인지 알아차렸을 것이다. 어제의 나는
오늘의 나와 다른 사람이다. 1년 전의 메모는 요즘
내 생각의 적일지도 모른다.

> 나는 메모를 남겨 두는 쪽을 선택했다. 한 책을 여러
> 번 읽는다면 여러 버전의 나를 기록할 수 있다.
> 어쩌면 '나'라는 존재는 책 속에 거칠게 적은 수많은
> 메모의 총합일지도 모른다. 이율배반적이고 때로는
> 분열적이지만 어떻게든 기록으로 남겨서 끊임없이
> 변하고 있다는 사실을 인정하려는 노력은, 내가
> 작가이기 때문일 것이다.

작가는 과거의 경험을 바탕으로 책을 쓴다. 그동안
겪었던 경험, 책에서 본 것, 현실에서 들은 것도 재료로
쓴다. 자신의 과거와 타인의 과거를 버무려서 글을
쓴다. 독자는 책을 읽을 때 작가의 과거를 현재로
불러들인다. 현재에서 책을 읽는 동안 독자는 미래를
떠올린다. 아직 읽지 못한 책의 뒷부분을 예감하기도
하고, 책 속의 어떤 부분을 통해 자신의 미래를

상상하기도 한다. 작가의 과거가 독자의 현재가 되고 독자의 미래로 이어지는 과정은 문자가 만들어 내는 가장 환상적인 마법이다.

> 책에다 하는 메모는 책의 내용과 함께 유기적으로 움직인다. 책에서 떼어 내어 따로 보관하는 게 어색하다. 책의 내용에 대한 대답이자 반문이자 되물음이기 때문이다. 만약 책에서 떨어져 나온 메모들만 한자리에 모아 둔다면 뜬구름 잡는 소리들의 모임이 될 것이다. 그건 그것대로 재미있을 수 있겠지만.

2

어둠 속의 메모

영화관에서 처음 메모를 시작한 건 극장 개봉작의 리뷰를 청탁받고 나서였다. 영화 파일을 미리 받아 볼 수 없었고, 극장에서 딱 한 번 영화를 본 다음 글을 써야 했다. 첫 메모는 망했다. 뭘 써야 할지 허둥대다 중요한 대사는 전부 놓쳤다. 쓸모없는 감상으로 가득했디. '주인공 역할 ○○○ 배우 연기 좋다' 같은 문장이 무슨 의미가 있나. 메모는 글쓰기에 도움이 되지 못했고, 기억에 의존해서 리뷰를 완성했다. 그 뒤로 비슷한 형식의 리뷰 요청을 많이 받았다. 초기에는 뭘 써야 할지 망설였다. '받아쓰고 싶은 좋은 대사'라고 생각하는 순간 기회는 날아갔다. 이런 메모는 예감과 선택과 실행이 빠르게 진행되어야 한다. 내가 어느 정도 분량을 받아 적을 수 있는지 알고 있어야 한다. 손글씨의 속도는 정해져 있기에 포기할 건 빠르게 포기한다. 어둠 속의 메모를 계속 연습하다 보니 실력이 점점 늘었다.

영화관에 들어가면 맨 뒷자리 구석에 자리를 잡는다. 영화가 시작되면 노트를 펼친다. 와콤의 '뱀부 폴리오'를 사용한다. 아무렇게나 갈겨 써도 모든 글자가 디지털 파일로 저장되는 도구다. 글의 모든 궤적이 동영상처럼 저장되기 때문에 리플레이해 보면 무슨 글씨인지 다 알아볼 수 있다. 지렁이 같은 글씨나 겹쳐 쓴 글씨도 동영상을 보면 윤곽이 뚜렷해진다. 시선은 앞에다 고정한 채 노트에 빠르게 적는다. 대사를 적을 때도 있고, 화면의 색감, 소리의 질감을 적을 때도 있다. 등장인물의 걸음 수를 적을 때도 있다. 자동차 번호판의 숫자를 적기도 한다. 자동차 번호판을 적는 건 영화가 재미없다는 뜻이다. 뭐라도 적으면, 영화에 집중할 수 있다.

노트에 적어야 할 정도로 꼭 기억해야 하는 정보는 무엇일까? 모든 영화의 호흡과 리듬이 다르고, 대사량이 다르고, 러닝타임이 다르다. 영화가 시작되면

그 흐름에 몸을 맡겨야 한다. 어떤 영화평론가는
극장에서 메모를 전혀 하지 않는다고 했다. 적지 않는
것도 일종의 메모다. 적지 않으면 더 잘 기억하려고
애쓰게 된다. 어떤 영화평론가는 A4 종이를 두 번
접어서 만든 양면 8페이지에다 번호를 매긴다.
1페이지부터 8페이지까지 순서대로 메모를 한다. 어떤
영화평론가는 극장을 나서자마자 노트북에다 폭풍
메모를 한다. 잊어버리기 전에 영화의 숨결을 고스란히
옮겨 놓는다.

    극장에서 메모를 할 때 가장 중요한 것은 순발력이다.
글씨를 얼마나 빨리 쓸 수 있는가를 말하는 게 아니라
어떤 것을 적을 것인지 파악하는 순발력이 필요하다.
메모를 하다가 중요하다고 생각되는 지점에서는
별표를 여러 개 해둔다. 질문을 더 생각해야 할 것
같으면 물음표를 여러 개 해 둔다. 영화가 계속
진행되기 때문에 때로는 더 깊은 생각을 할 수 없을
때가 많다.

재미있는 영화 한 편을 다 보고 나면 대략 20장쯤
되는 종이가 정체 모를 글자로 가득 차 있다.
광학현미경으로 찍은 초파리의 뇌 사진 같다.

메모가 영화 감상을 방해하지는 않는다. 메모하면서 감정에 집중하는 게 가능할까 싶었는데, 울면서 메모하는 나를 발견한다. '흑흑, 너무 슬퍼, 주인공 어쩌면 좋아, 주인공을 감싸고 있는 커튼 패턴은 어릴 때 주인공이 좋아하던 인형을 닮은 거였네, 메모, 흑흑, 어릴 때 장면과 지금 울고 있는 장면의 구도가 비슷하네, 메모.' 손으로 글씨를 쓰면서도 모든 걸 느낄 수 있다. 오히려 감정을 증폭시킬 때도 있다. 메모하는 동안 집중력이 더욱 높아지고, 평소에 보지 못했던 것을 볼 수도 있다. 음악도 더 잘 들리고, 미술이나 영화 속 미묘한 장치들도 더 많이 보인다.

운전 면허를 따고 운전에 익숙해지는 과정에서 놀라운 순간이 있었다. 전방의 흐름과 뒤를 보는 룸미러 속 풍경과 좌우측 백미러 속 상황이 하나로 통합되어 보이는 순간. 운전하는 나를 내가 내려다보는 듯한, 도시의 도로 위에서 운전하는 나를 하늘에서 보는 듯한, 좀 과장하자면 영화 『매트릭스』에서 네오가 '흐름 속의 나'를 인식하는 듯한 순간이었다. (깨달음의 순간이란 이렇게 오는 것일까?)

극장에서 메모할 때도 그런 순간을 맞닥뜨릴 때가 있다. 영화의 모든 요소가 세밀하게 보이면서 '지금 영화 속에 빠져 있다'는 기묘한 느낌과 그걸 '내가 보고 있고, 적고 있다'는 감각이 한꺼번에 다가올 때가 있다. 영화가 총체적인 경험으로 다가온다. 그런 순간을 느낄 수 있는 가장 큰 이유는 '메모하고 있기 때문'이 아닐까 싶다.

고레에다 히로카즈 감독의 영화 『괴물』을 보면서 쓴 메모 (그나마 알아볼 수 있는)

메모하고 싶지 않은 순간도 있다. 너무 아름다워서
도저히 글로 표현할 수 없을 듯한 장면과 만나면
순간적으로 메모를 멈춘다. '너무 아름다운 장면'
이라고 쓰는 게 구차하다. 문자의 한계다. 그렇지만
다시 메모를 시작한다. 영화에 대한 글을 쓰려면
메모가 있어야 한다. 영화의 아름다움을 문자로
표현하려면, 구차하게 주절주절 설명해 나가려면,
내 머릿속의 추상적인 감각을 영화와 결합시키려면
어찌 됐든 메모가 있어야 한다. 메모는 영화와
내 감각을 이어 주는 중간지대 역할을 한다.

    영화도 책처럼 메모를 저장할 수 있는 날이 올까?
영화를 보면서 했던 생각들이 모두 저장되고,
어떤 장면에서 어떤 생각을 했는지 빠짐없이
기록된다면 어떨까? 극장을 나설 때 이런 질문을
받는다면? "당신의 생각이 포함된 영화 파일을
구매하시겠습니까? 가격은 5만 원입니다."

예전에 놀이기구를 타러 갔을 때, 소리 지르는
내 모습을 몰래 찍어서 나한테 팔려는 이가 있었다.
너무 비싸서 사지 않았다. 다시 보고 싶지 않은
내 모습이기도 했다. 그러나 내 생각이 기록된 영화
파일이라면 사고 싶을 것 같기도 하다. 정말 감동적인

영화였다면, 그때 했던 나의 생각이 영원히 남는 것도 괜찮을 것 같다. 물론 다른 사람은 내용을 볼 수 없게 하는 보안이 가장 중요할 것이다.

집에서 영화를 볼 때도 메모를 하지만 불을 완전히 끄지는 않는다. 극장에서의 경험이 만족스러웠다면 집에서도 똑같이 할 법한데 그러지 않는다. 어둠 속의 메모는 극장이기 때문에 가능한 형식이다. 극장에서는 내 의지대로 영화를 멈출 수 없다. 다시 보고 싶은 장면이 있더라도, 맥락을 놓친 대사가 있더라도 흐름을 따라가야 한다. 그렇기 때문에 더욱 재미있는 메모가 만들어진다.

책도 이렇게 보면 재미있다. 이해가 안 가는 문장이 있더라도, 모르는 단어가 나오더라도 계속 읽는 것이다. 뜻을 알기 위해 인터넷을 검색하거나 사전을 찾지 말고 계속 읽는 것이다. 이해 안 가던 문장이 책을 읽어 나가는 도중에 이해되기도 한다. 읽기가 어렵더라도 계속 앞으로 나아가다 보면 어렴풋하게라도 뭔가를 이해하는 순간이 온다. 졸지 않고 메모했기 때문에, 의미와 흐름을 놓치지 않으려고 정신을 바짝 차렸기 때문에 그런 순간이 닥치는 것이다. 어쩌면 극장이라는 공간은 우리의 뇌를

상징하는 곳인지도 모르겠다. 우리의 캄캄한 뇌 속에는 또 다른 내가 계속 메모를 하고 있다. 세상을 이해하기 힘들지만, 그래도 알기 위해 버티며 앞으로 나아가는, 메모하는 내가 뇌 속에 살고 있다.

베넷 밀러 감독의 영화 『머니볼』을 보면서 쓴 메모

3

산책하면서 하는 메모

글이 잘 안 풀리면 산책을 한다. '산책하러 나간다'
기보다 '책상을 떠나 본다'에 가깝다. '훈수는 여덟
수를 더 본다'는 말처럼 책상에서 멀어지는 순간 내가
쓰고 있는 글이 더 잘 보인다. 모니터만 보다가 밖으로
나가면 세상 모든 게 새로워 보인다. 계절은 언제
이렇게 바뀌었는지, 새로 생긴 가게들은 왜 이렇게
많은지. 열심히 살고 있는 사람들도 눈에 들어온다.
문득 떠오르는 생각들이 많다. '주머니에 수첩이나
휴대전화가 있다면 바로 꺼내서 메모를 하라'고 말하고
싶지 않다. 조금만 참아 보면 어떨까.

우선, 메모하고 싶은 문장을 머릿속에 적어 본다.
적을 데가 없다고? 머릿속을 잘 찾아보면 커다랗고
하얀 공간이 있을 것이다. 그러니까 거기, 아니아니,
한가운데 말고 구석진 곳, 잘 들여다보지 않던 거기,
맞아, 거기를 찾아보면 있다. 찾았을까? 생각보다
깨끗하지 않다면 지우개를 찾아서 하얗게 만들어 준다.
지우개는 어디 있냐고? 아, 진짜, 왜 그러실까, 거기
있잖아요, 오늘 저녁 뭐 먹을까 고민하던 그 생각 옆에
있잖아요, 지우개. 하얗고 커다란 공간이 마련됐다면
문장을 적어 본다. 예를 들면 이런 문장들.

올해는 모든 꽃이 한꺼번에 폭죽 터지듯 다 피어
버린 것 같은데, 막혀 있던 문장들도 꽃처럼 폭발하듯
머릿속에서 터지면 순서를 어떻게 매길 수 있을까?

올해 모든 꽃이 한꺼번에 다 핀 듯한 기분이 들었지만
사실인지는 알 수 없다. 검색을 해 봐야 알 것이다.
검색하겠다고 휴대전화를 꺼내진 말아 주시길.
중요하지 않다. 중요한 건 여러 개의 문장이 갑자기
터져 나오면서 논리적이지 않게 뒤섞여 버리는 것이다.
문장이 섞이는 영상을 상상해 본다. 이어서 어떤
문장을 쓸 수 있을까?

어쩌면 완전히 새로운 문단이 될 수도 있겠다. 새로운
논리, 뜻밖의 조합으로 써 보지 못했던 문장을 쓸 수
있을까?

> 이렇게 이어가 본다. 종이나 휴대전화에 쓰는 게
> 아니다. 머릿속으로 문장을 완성해 나가는 것이다.
> 아주 긴 문장을 쓸 수는 없기 때문에 이 정도의 문장을
> 자꾸 다듬으면서 산책을 계속한다. 잊어버리면 어떻게
> 하나, 문장이 사라지면 어떻게 하나, 이런 걱정을 할
> 필요가 없다. 집으로 돌아오면 머릿속에 있던 문장을
> 종이에다 출력한다. 생각의 매듭이 조금 느슨해져
> 있을 것이다.

산책하면서 간판도 자주 읽는다. 간판은 수많은 사람이
오랫동안 고민한 결과물이다. 어떤 상호를 지어야
손님이 더 많이 올까, 어떤 글씨체로 해야 멀리서도
잘 보일까, 생계가 걸린 주인이 오랫동안 고민한
결과다. 도저히 납득하기 어려운 결과물도 있지만
재치 있는 상호나 홍보 문구도 눈에 띈다. 간판을
여러 번 소리 내어 읽어 보는 것도 내가 쓰고 있는 글과
멀어질 수 있는 좋은 방법이다.

산책하면서 떠오른 생각들은 막걸리에 가깝다. 뿌옇고 거칠고 기포로 가득하다. 격한 감정도 들어 있고 논리도 불분명하며 맥락을 찾기도 힘들다. 생생하다는 장점은 있다. 걷다 보면 바닥에 침전물이 생긴다. 뿌옇게 흐렸던 생각이 점점 선명해지고, 거친 생각들은 아래로 모인다. 집으로 돌아와 뿌옇고 맑은 생각만 건져서 음미할 수도 있지만, 바닥으로 가라앉은 생각들을 버리기는 좀 아깝다. 집으로 돌아와 한 번쯤은 생각의 통을 흔들어 볼 필요가 있다. 막걸리를 흔들어 마시듯 산책 중의 생각을 다시 한번 되살리면서 메모를 정리한다면 훨씬 생생하고도 깊은 글이 될 것이다.

4

목표를 이루기 위한 메모

여행을 갈 때마다 꺼내 보는 메모장이 있다. 준비물 리스트를 정리해 놓은 메모다. 꼭 필요한 물건인데 늘 깜빡하는 항목들이 체크되지 않은 채로 늘어서 있다.

☑ 목도리
☑ 선글라스
☑ 면도기
☐ 손수건
☐ HDMI 케이블
☐ 멀티 젠더
☐ 멀티 어댑터

☐ 슬리퍼
☐ 체육복
☐ 알콜스왑
☐ 상비약
☐ 수분 미스트
☐ 밴드
…

리스트는 한참 길다. 준비가 끝난 물품은 체크를 누른다. 모든 항목이 체크 상태로 바뀌면 여행 준비가 끝난 것이다. 그러면 다시 체크박스를 빈 상태로 돌려 놓는다. 다음 여행을 미리 준비한다.

투두리스트To-do list는 먼 미래의 계획을 담지 못한다. 당장 해야 할 일들, 코앞에 닥친 일들을 투두리스트로 만든다. 계획 전문가들은 투두리스트를 만들 때 일의 우선순위를 정하라고 조언한다. 예전에 사용했던 '프랭클린 다이어리'가 그런 방식이었다. '무조건 제일 먼저 해야 할 일'과 '시간이 남았을 때 하면 좋을 일'을 구분한다.

처음에는 우선순위를 정하는 게 힘들었다. '뭐가 중요한지 내가 어떻게 알겠어?'라는 마음이 작동한다.

그게 중요한지 아닌지는 시간이 지나 봐야 아는 것
아닌가? 그래도 막상 우선순위를 정해 보면 재미있다.
내가 중요하게 생각하는 일과 실제로 중요한 일은
다르다. 바로 내일이 원고 마감일인데 예매 전쟁을 해야
하는 일정이 겹치면? 매일 아침 스트레칭을 하기로
마음먹었는데 점심시간까지 기획안을 급하게 마무리해야
한다면? 목표가 무엇인가에 따라 우선순위도 다를
수밖에 없다. 건강이 우선인가, 성공이 우선인가, 약속이
우선인가, 관계가 우선인가, 나의 평온함이 우선인가.

    마음은 줄이 쳐진 노트가 아니라 백지에 가깝다.
사건을 상상하거나 미래를 꿈꾸기에 좋은 공간이지만
현실적으로 해야 할 일을 쌓아 두기에는 지나치게
광활하다. 그냥 내버려두면 자기네들끼리 부딪치고
충돌하면서 싸운다. 내가 먼저야, 내가 더 중요해, 숨은
실력자는 나야, 소리를 지르면서 자기주장을 점점
더 강하게 내세운다. 빨리 마음에서 끄집어내어 줄을
세우면 더 이상 싸우지 못한다. 해야 할 일은 각자 다른
의미에서 모두 중요하다.

가계부만큼 나를 잘 보여 주는 메모가 있을까? 마음 가는
곳에 돈을 쓰게 된다. 한때 열심히 가계부를 쓸 때는 나의
삶이 몹시 선명해 보였다. 어떤 걸 주로 먹고, 어디에

가장 많은 돈을 쓰는지 알게 되면 삶의 방향이 보인다.
문화비/식비/외식비/경조사비 등 다양한 항목으로
지출을 구분했는데, 또 다른 구분도 필요하다는 걸 알게
됐다. 반드시 필요했던 지출/갑작스러운 지출/기꺼운
마음으로 한 지출/충동적인 지출. 충동적인 지출이
많았다는 건 마음이 헛헛해서 그랬을 것이고, 마음이
헛헛했던 이유는 또 다른 메모에서 찾아야 할 것이다.
가계부를 한 번도 써 보지 않은 사람이라면 자신의 돈이
어디로 흘러가는지 한 번쯤 확인해 보는 것도 좋다.
그 어떤 솔직한 메모보다 마음이 어디로 가는지, 또는
어디로 사라졌는지 명확하게 알 수 있다.

> 리마인더에는 두 가지 중요한 기능이 있다. 첫 번째는
> 다른 일에 몰두하다가 깜빡할 수 있는 것들을 상기시켜
> 주는 역할이다. 예매 시작일을 기억하려고, 꼭 봐야 할
> 전시나 누군가에게 해야 할 연락을 잊지 않으려고
> 리마인더를 설정한다. 마감일도 설정해 두고, 며칠이
> 남았는지 알 수 있게 한다. 두 번째 기능은 '미래의
> 나에게 말 걸기'이다. 오늘의 나는 사흘 뒤의 나와 다른
> 사람이다.

가끔 리마인더 기능으로 이런 질문을 던진다. 일주일
뒤에 나는 어떻게 변해 있을까? 마감은 잘 끝내고

행복한 아침을 맞이했을까? 사흘 뒤에 있을 중요한 미팅은 실수 없이 잘 끝냈을까? 나만의 타임캡슐 역할도 할 수 있다. "오늘의 내가 있어서 지금 네가 행복할 수 있다는 걸 기억하기 바란다." 이런 리마인더를 남겨 두기도 한다. "아직 마감 못했지? 내가 그럴 줄 알았어. 또 커피 관련 영상 보고 쇼핑 하느라 밤샜지? 지금이라도 늦지 않았다. 정신 차리고 빨리 마감해." 미래의 나는 이런 메시지에 깜짝 놀랄 것이다. '나를 지나치게 잘 아는 놈이군.' 때로는 이런 모습도 상상해 본다. '하아, 예전의 내가 아니라고! 진작에 마감 끝내고 지금은 산책을 하고 있지.' 미래의 나는 조금 더 나은 사람이기를 바라는 마음으로 리마인더를 설정한다.

    미래의 내가 보기를 바라며 '꼭 봐야 할 영화' '꼭 들어야 할 음반' '꼭 읽어야 할 책' 같은 리스트를 끊임없이 메모한다. 미래의 나는 현재와 맞닥뜨리고 나서 꼭 이렇게 변명한다. "할 일이 쌓여 있는데 시간이 없네." 미래의 나에게 더 이상 리스트를 제공하지 말아야 할까? 아니다, 그래도 더 먼 미래의 내가 언젠가는 이 모든 것들을 해결하겠지. 많은 일을 해결하고 여유롭게 앉아서 밀린 책도 읽고 영화도 보며 인생을 음미하겠지. 리스트를 쌓아 가는 마음은 간절하다.

I 메모의 경험들
: 나는 메모의 총합이다

II 메모의 도구들
: 쓰려고 다 써 봤다

1

메모 도구는 신체의 연장이다

헨리 데이빗 소로와 마크 트웨인은 비슷한 명언을 남겼다. "아주 희미한 잉크라도 가장 강렬한 기억보다 낫다"는 소로의 말이고, "무뎌진 연필이 가장 예리한 기억보다 낫다"는 트웨인의 말이다. 차이가 있다면 잉크냐 연필이냐. 잉크는 시간이 지나면 말라서 희미해지고, 연필은 쓸 때부터 희미하다. 불분명한 기록이더라도 하는 게 좋다는 얘기일 테고, 인간의 기억이 얼마나 불완전한지에 대한 지적일 것이다. 소로와 트웨인의 뒤를 이어 이런 말을 남기고 싶다. "잉크는 마르고 연필은 희미해지지만, 휴대전화에 남기는 메모는 썩지 않는다. 단, 클라우드에 잘 보관한다면." 새로운 시대의 메모법이 필요하다고 생각했다.

시대를 잘 만났다. 고등학교 때까지는 컴퓨터를 보기 힘들었고, 대학 때 486 컴퓨터를 처음 만났다. 군대에 있을 때는 타자기를 사용했다. 본격적으로 직장을 다닐 때 컴퓨터가 전국적으로 보급됐다. 어쩌다 보니 다양한 도구로 메모를 해 본 세대가 되었다. 중고등학교 때는 연필로 낙서하는 게 취미였고, 워드 프로세서를 사용해 보기도 했고, 만화가를 꿈꾸며 펜촉으로 그림을 그려 본 적도 있으니 완벽하다. 펜, 연필, 볼펜, 샤프펜슬, 만년필, 타자기, 워드 프로세서, 데스크톱 컴퓨터, 노트북 컴퓨터, 태블릿으로 메모를 했다.

어쩌면 시대를 잘못 만난 것인지도 모른다. 컴퓨터를 사용하지 않는 작가들이 부러울 때도 있다. 하얀 종이 위에서 무한한 가능성을 떠올리며 한 글자 한 글자 써 나갈 때의 쾌감을 잘 아니까 말이다. 반면에 "원고지가 뭐예요?"라며 휴대전화 키보드에 뇌가 달려 있는 것처럼 말하는 요즘 세대들이 부러울 때도 있다. 다양한 도구로 메모하고 글을 썼기 때문에 좋은 점도 있지만 '이도 저도 아니'라는 생각이 들기도 한다. 결국 연필로 메모한 다음 만년필로 초고를 써 보고 괜찮다 싶으면 컴퓨터로 글을 옮기는 사람이 돼 버렸다.

도구는 신체의 연장이다. 연필로 글을 쓸 때 우리 뇌는 연필처럼 생각한다. 만년필로 글을 쓸 때는 사각거리는 감각에 온 신경을 집중하고, 타자기를 사용할 때는 총을 쏘는 것처럼 자판을 두드린다. 어떤 도구를 사용하느냐에 따라 메모의 내용이 달라진다면, 우리는 여러 개의 신체를 가지고 있는 셈이며 그걸 마음대로 끼워 맞출 수 있다는 말이다. 그러려면 도구를 이해해야 한다.

종이

나무의 섬유 따위로 얇고 평평하게 만든 물건. 글씨를 쓰거나 그림을 그리거나 물건을 싸는 데 쓴다.

처음으로 종이에 낙서한 기억은 교과서 여백 애니메이션 제작이었다. 내 또래 많은 아이들이 비슷하게 놀았다. 전통적인 셀 애니메이션 방식이다. 교과서 여백에 사람을 조그맣게 그리고, 다음 페이지에 그 사람이 하늘로 약간 날아오른 장면을 그린다. 다음 페이지에 또 살짝 변화된 모습을 그리고, 그렇게 수십 수백 페이지에다 사람이 움직이는 모습을 그려 넣는다. 교과서를 휘리릭 넘기면 사람이 하늘로 슝 날아오르는 장면이 펼쳐진다. 교과서가 플립 북flip book이 되는 순간이다. 처음에는 단순한 그림을 그리지만 시간이 갈수록 실력이 는다. 교과서 여백이 조금만 더 컸더라면 수많은 애니메이터가 탄생하여 진작에 픽사를 능가하는 애니메이션 회사가 출현했을 것이다.

디지털 교과서로 수업 방식을 모두 바꾸자는 의견도 있던데, 그렇게 되면 아이들이 종이와 가까워질 기회를 놓치게 될지도 모른다. 종이는 자유로운 상상을 가능하게 하는 도구다. 여백에 애니메이션을 그리며 낙서하고, '수학'을 '잠수함'으로, '국어'를 '북어'로 바꾸는 '표지 튜닝'도 해 보고, 책 귀퉁이를 찢어서 친구에게 보내는 메모지로도 써 봐야 종이가 얼마나 자유로운 매체인지 알 수 있다. 그 정도는 낭비하고 자라야 어른이 되어서도 죄책감 없이 종이에 마음껏 낙서할 수 있다.

종이에 메모하는 게 중요한 이유는 상하좌우가 없기 때문이다. 논리에 맞추어 글을 쓸 필요도 없고, 서론-본론-결론의 순서가 아니어도 괜찮다. 세로로 써도 되고, 뒤집어서 써도 되고, 그림을 먼저 그려도 상관없다. 종이는 우주와 같다. 만약 '메모 학교'라는 게 있고 내가 담당 교사라면 아이들에게 제일 먼저 빈 종이를 줄 것이다. 연필을 줄 것이다.

 소설의 시작은 언제나 종이였다. 컴퓨터나 타자기로 만든 초고는 오래 살아남지 못했다. A4 한 장을 놓아두고 괜히 제목도 적어 보고, 낙서도 해 보고, 첫 문장 비슷한 것도 적다 보면 종이 결에 숨어 있던 이야기들이 조금씩 모습을 드러냈다. 인물을 그려 본다. 눈과 코와 입을 그리고 몸을 그린다. 체형이 선명하게 드러나면 성격을 알 것 같다. 인물의 물건이나 사는 공간도 그려 본다. 그렇게 한참 동안 종이에다 메모를 이어 나가고 나서야 드디어 첫 문장을 쓰게 된다. 손으로 꾹꾹 눌러 쓴 첫 문장 뒤에 두 번째 문장을 쓴다. 열 문장쯤 쓰고 나면 '이 문장들이 인쇄되면 어떤 느낌일지' 궁금해진다. 컴퓨터에 옮겨 적은 다음 프린트를 한다. 약간의 수정을 한 다음 이어서 써 나간다. 종이에 쓰고 컴퓨터에 옮기고, 프린트한 종이에 이어 쓰고, 다시 컴퓨터에 옮기고, 프린트하고…… 이 과정을 열 번쯤 반복하고 나면 이야기의 틀이 잡힌다. 그때부터는 컴퓨터로 모든 작업을 진행할 수 있다. 종이에서 출발하는 이야기만 살아남는 그 이유를, 여전히 잘 모르겠다.

타자기

글쇠를 눌러서 활자나 철판 따위로 종이에 글자를 찍는 기계. 전기식과 수동식이 있으며, 문서를 작성하거나 인쇄용 원고를 만드는 데 쓴다.

소설가 잭 케루악은 텔레타이프 용지를 이어 붙인 36미터 종이롤을 타자기에 끼워 명작 『길 위에서』를 썼다. 타자기 종이 갈아 끼우는 게 싫어서 그랬다는데, 나는 타자기에 새 종이 넣는 걸 너무 좋아했다. 잠금을 풀고 종이 한 장을 타자기에 넣은 다음 둥글게 손잡이를 돌리면 '드르륵' 소리와 함께 종이가 제자리에 안착한다. 수평을 맞춘 다음 누름대로 눌러 준다. 떨리는 마음으로 글쇠를 눌러 종이에 글자를 찍는다.

타자기를 자주 사용한 건 군대에서였다. 타자기 치는 법을 군대에서 처음 배웠다. 스트레스 푸는 데 제격이었다. 보고서를 작성하는 일이 많았는데, 양식에 맞춰 빈칸에다 글자를 찍는 일은 쉽지 않았다. 글쇠를 살짝 눌러서 어디에 찍히는지 시뮬레이션을 해 본 다음에 제대로 다시 눌렀다. 철컥, 드르륵, 툭, 타닥 하는 기계 소리가 묘하게 사람 마음을 편안하게 해 준다는 사실을 알게 됐고, 매일 보고서를 만드는 시간을 좋아하게 됐다. 총기 제조 회사였던 '레밍턴'이 세계 최초의 상업용 타자기를 만들었는데, 군대에서 타자기를 처음으로 사용해 봤다는 게 기묘한 우연처럼 느껴지기도 했다.

1976년에 개봉한 앨런 J. 파큘라 감독의 영화 『모두가 대통령의 사람들』은 타자기 소리로 시작된다. 영화 내내 타자기 소리가 배경음처럼 들리고, 신문사 편집실에서 울리는 타자기 소리는 베트남 전쟁터의 총격전 소리처럼 들린다. 타자기 소리는 총소리처럼 공격적이지만 진실을 향해 달려간다. 누군가를 죽이기 위해서가 아니라 살리기 위해서 굉음을 낸다. 많은 사람이 타자기 소리를 사랑하는 이유일 것이다. (그렇지만 제발 공공장소에서 기계식 키보드를 사용하지는 말아 주세요!) 타자기 소리를 몹시 사랑하는 사람들이 좋아할 영화 『캘리포니아 타이프라이터』에는 '보스턴 타자기 오케스트라'가 등장한다. 낡은 타자기로 음악을 연주하는 그룹이다. (영화 러닝타임 중 53분 즈음에 등장하니까 타자기 소리를 사랑하는 사람이라면 놓치지 말길 바란다.)『캘리포니아 타이프라이터』에 출연했던 배우 톰 행크스는 타자기 소리를 고스란히 살린 'HanxWriter'라는 앱을 출시했다. 한글 자판이 없어서 제대로 즐기긴 힘들지만.

이런 글을 쓰기에 좋은 도구인지는 모르겠지만 메모를 하기에 알맞은 도구는 아니다. 한 글자를 칠 때마다 진심을 다해야 할 것 같다. 거짓은 절대 말할 수 없고, 실수도 용납하지 않을 것 같다. 실수하는 순간 종이를 빼내서 뒤로 던져 버려야 한다(스누피가 늘 그러는 것처럼). 치는 순간 인쇄된다는 건 타자기의 혁명이었지만, 메모와 인쇄물 사이의 중간지대가 없다는 게 치명적인 단점이었다.

지금도 가끔 타자기를 사용한다. 시를 쓸 때 유용하다. 오래 생각하고 한 글자 한 글자 타이핑하다 보면 대단한 작품을 쓰고 있다는 착각에 빠지기도 한다. 한 시간쯤 치면 손가락이 아파서 더 이상 사용할 엄두가 나지 않는데, 시에 재능이 없다는 걸 깨닫기 전에 손가락이 아파 오기 때문에 자존감도 지킬 수 있는, 매우 유용한 도구다.

연애 편지를 쓸 때도 좋다. 손글씨가 부끄럽거나 번거롭다고 느끼는 사람이라면 타자기를 사용해 보시길. 한 글자 한 글자를 직접 작성했다는 느낌도 낼 수 있고, 마지막에 만년필로 사인까지 하고 나면 과거로 돌아가서 사랑을 하고 있다는 낭만까지 얻을 수 있다.

워드 프로세서

문서의 작성, 편집, 보관, 출력 등을 할 수 있는 사무용 컴퓨터 프로그램, 또는 그런 프로그램을 사용하는 전용 기기. 초기에는 타자기와 컴퓨터의 중간 단계로서 별도의 워드 프로세서 기계가 있었다.

초기 워드 프로세서의 광고 문구 중에 'What You See Is What You Get'이라는 표현이 있다. 화면 그대로 인쇄된다는 뜻이다. 컴퓨터로 모든 작업을 완성하는 지금 시대에는 이해하기 힘든 말이다. 타자기로 작업을 하려면 미리 종이에 초고를 써 둔 다음 옮겨 치거나 인쇄될 글의 형태를 머릿속으로 상상한 다음 타이핑을 해야 했다. 타자기 글쇠를 누른다는 것은 돌이킬 수 없는 일이기 때문에(수정액으로 덧칠해서 지우는 건 가능했지만 보기에 좋지 않다) 마음의 준비를 해야 한다.

워드 프로세서는 일종의 연옥 같은 공간이다. 천국도 아니고 지옥도 아닌, 어정쩡한 공간. 완벽한 활자로 구성된 한 줄이지만 인쇄된 것은 아니다. 쓰고 지우고 다듬으면서 문장이 구원받기를 원한다. 워드 프로세서는 글쓰기의 자유도 선사했지만, 글쓰기의 망설임도 키워 주었다.

노트북 컴퓨터

휴대할 수 있게끔 노트 크기로 만든 컴퓨터. 일반적으로 접을 수 있고, 무게가 가볍고, 배터리로 작동한다.

어디를 가든 함께 갈 수 있고, 어디서든 펼칠 수 있는 노트북 컴퓨터는 작가들의 족쇄가 되었다. 작가뿐 아니라 공부하는 사람들, 데이터를 봐야 하는 사람들, 영상 편집을 해야 하는 사람들의 족쇄가 되었다. 카페에서 노트북을 켜 둔 사람들이 어떤 작업을 하는지 몰래 훔쳐볼 때가 있다. (죄송합니다. 구체적인 내용은 보지 않습니다.) 글을 쓰는 사람도 있고, 엑셀로 뭔가 작성하는 사람도 있고, 영화를 보는 사람도 있다. 노트북은 어댑터를 전원에 연결하면 카페에서 나갈 때까지 배터리가 부족할 일은 없다.

카페에서 소설 작업을 주로 하던 때, 실수로 노트북 충전기를 챙기지 않았던 적이 있다. 배터리는 점점 줄어들고 내 글쓰기 속도는 점점 빨라졌다. 머릿속에 떠오른 내용을 급하게라도 적어 넣어야 했다. 완성도는 따질 수 없었다. 메모 수준의 글이 쏟아져 나왔다. 수문을 모두 개방한 댐처럼 아이디어와 문장이 뇌에서 노트북으로, 엄청난 속도로 빠져나갔다. 실로 놀라운 생산량이었다. 지금도 가끔 노트북 충전기를 챙기지 않고 카페에 갈 때가 있다. (망할, 요즘 노트북은 왜 그렇게 배터리 성능이 좋은 건지.)

휴대전화

전파를 이용하여 휴대할 수 있도록 만든 전화기. 일정한 지역 안에서 무선 전화를 주고받을 수 있으며, 이동 통신 시스템을 이용하면 전국 또는 전 세계 어디서나 통화할 수 있다.

한때는 메모 애플리케이션 수집이 취미였다. 안드로이드와 애플 ios를 넘나들면서 온갖 프로그램을 써 보았다. 몇천 원짜리부터 수십만 원에 이르기까지, 새로운 프로그램이 등장하면 무조건 구입했다. 실패해도 돈이 아깝지 않았다. 기존의 것을 거의 베끼다시피 한 프로그램도 있었지만 자신만의 아이디어로 출사표를 던진 프로그램도 많았다. 시간과 돈을 들여서 글쓰기 프로그램을 만드는 개발자라면 무조건 응원해 주고 싶었다.

언젠가 나만의 글쓰기 프로그램을 만드는 게 꿈이다. 메모 프로그램도 좋고, 소설 쓰기 프로그램도 좋다. 그날이 올 때까지 열심히 다른 사람들이 만든 앱을 공부해서 '메모 갑부'가 되는 게 나의 꿈이다.

2

메모 애플리케이션 사용기

메모 애플리케이션을 소개하기 전에 '메모란 무엇인가'에 대한 정의를 다시 한번 내려야 할 것 같다. 메모란 생각과 정보를 간단히 적어 두는 것이다. 기억의 보조 장치다. 씨앗을 여기저기에 뿌려 두는 것과 비슷하다. 메모를 쓴 사람은 곧바로 잊어버리지만 씨앗에서 싹이 튼다. 시간이 거름이 된다. 메모는 나중에 커다란 나무가 되기도 하고, 썩어서 다른 메모들의 거름이 되기도 한다. 글쓰기 프로그램과 메모 프로그램의 접근이 완전히 다른 이유도 이 때문이다.

    글쓰기 프로그램은 복잡한 구성이 가능해야 하고,

편집 기능도 정교해야 한다. 자료를 담아 둘 곳도 필요하고 사진이나 표도 첨부할 수 있어야 한다. 메모 프로그램은 빠른 게 생명이다. 빨리 열어서 생각을 담을 수 있어야 한다. 스튜디오에서 찍는 사진이 글쓰기 프로그램이라면, 휴대전화로 바로바로 찍는 사진이 메모 프로그램이다. 스튜디오 사진은 조명과 색감, 구도 등 고려해야 할 게 많지만 휴대전화 사진은 순간을 포착하는 게 중요하다.

이 책에서는 두 가지를 딱 잘라 구분하지는 않았다. 전문적인 글쓰기 프로그램도 종종 등장할 예정이다. 글쓰기를 전문으로 하지 않는 사람들은 '스크리브너'Scrivener나 '파이널 드래프트'FinalDraft 같은 프로그램을 들어 본 적도 없을 것이고 앞으로도 쓸 일이 거의 없을 테지만, 메모를 남기고 메모를 토대로 글을 완성해 나가는 과정을 설명하자면 모든 종류의 프로그램을 설명하는 게 좋을 것 같다. 메모와 완성된 글을 별개의 영역으로 볼 것인가, 아니면 연장선상에 있는 과정으로 볼 것인가의 차이인데, 아무리 짧은 메모라 해도 그 자체로 완성된 글일 수 있다고 생각한다. 한 사람의 메모를 20년 동안 모으면 충분히 책으로 펴낼 수 있다고 생각한다.

모든 프로그램에는 장단점이 있다. 글쓰기 프로그램도 마찬가지다. 장점만 가득한 프로그램이 있었다면 내 방황도 진작에 끝났을 것이다. 20년 넘게 수십 종을 써 보면서 욕도 하고 원망은 더 많이 했으며 간혹 찬사의 이메일을 보내기도 했다.

여기에 거론한 앱 가운데 어떤 것은 이미 인기를 잃고 사라지는 중인지도 모른다. 메모 앱을 써 온 십몇 년 동안 얼마나 많은 변화가 있었는지 모른다. 이제는 사용하기 힘든 프로그램이라 하더라도 '아, 예전에 이런 게 있었지' '예전에 나도 써 봤지'라는 느긋한 마음으로 봐주길 바란다. 불편해서 떠나온 프로그램이라 하더라도, 이제는 꼴도 보기 싫을 만큼 정이 뚝 떨어진 앱이더라도 한때 나의 생각을 공유했던 사이끼리 너무 야박하게 굴지는 말자.

써 본 앱 중에 추천할 만하거나 개인적으로 의미 있는 것만 골랐다. 역사 속의 모든 앱을 소개한다면 책 한 권으로도 모자랄 것이다. 그래도 이름은 한 번씩 불러 보고 싶으니 기억나는 대로 적어 보겠다.

— 메몽, 바이워드, 순간일기, 스토리스트, 하이랜드,

Antnotes, Craft, Marked2, Minimal, Notevook, Noted, Simple Antnotes, Sticky Notes, Popnote (이상 ios 앱)
— 노트 패드, 똑똑노트, 메모위젯, DAILY NOTE, Diaro, Easy Notes, InNote, JotterPad, Mind Notes, Nebo, Notein, PenCake, Pure Writer, Samsung Notes, Standard Notes, Todoist, Writer Journal (이상 안드로이드 앱)
— 국민메모장 솜노트, 네이버 메모, 심플노트, Do Note, Draft, Dropbox Paper, iA Writer, MS 원노트, Wunderlist(MS todo) (이상 공용)

아래아한글

한글과컴퓨터에서 개발한 워드 프로세서. 제품 이름은 현대 한국어에서 쓰이지 않는 ·(아래아)를 쓴 '흔글'로 표기하고, 'HWP'(Hangul Word Processor의 준말) 또는 '아래아한글' 또는 '한/글'로도 표기한다.

아래아한글은 글쓰기 프로그램이지만 인생 최초의

메모 프로그램이기도 하다. 컴퓨터를 처음 배웠을 때 아래아한글에다 이런저런 메모를 많이 남겼다. 컴퓨터로 글을 쓴다는 게 신기할 때였으니까 메모든 소설이든 편지든 거의 모든 글을 아래아한글로 작성했다. 아래아한글은 1988년 서울대 컴퓨터 동아리 선후배들이 만들기 시작해 1989년에 버전 1.0이 완성됐다. '아래아한글'이라는 이름보다는 '에이치더블유피'(hwp)가 더 익숙하다. "어떤 파일로 보낼까요?" "에이치더블유피 파일로 보내 주세요." 이런 대화를 얼마나 많이 했을까. 아래아한글로 수많은 메모를 했고, 소설을 썼다. 일기도 열심히 썼는데, 암호 설정을 해 놓고 나중에 잊어버리는 바람에 봉인된 파일도 몇 개 있다. 그 안에 어떤 내용이 들어 있는지 너무 궁금하지만 도저히 열 길이 없다. 그렇게 과거가 사라지기도 한다.

    매킨토시를 쓰면서 아래아한글 사용이 급격하게 줄었다. 아래아한글을 대체할 수 있는 메모 앱과 글쓰기 앱이 많아졌다. 아래아한글이 불편한 가장 큰 이유는 디자인이다. 아름다움의 기준은 사람마다 다르지만 내게는 아래아한글의 메뉴와 편집창 디자인이 산만해 보인다. 글쓰기의 즐거움을 반감시킨다. 소설 쓰기를 시작할 때 아래아한글이 아닌 다른 프로그램을 사용했더라면 나의 소설 세계가 달라졌을까? 알 수 없는 일이다. 이제는 거의 사용하지 않지만, 아래아한글 파일로 문서가 오는 경우가 종종 있다. 매킨토시용 읽기 전용 프로그램이 있다는 게 다행이다.

에버노트 Evernote

다양한 디지털 콘텐츠를 수집, 정리, 저장, 검색할 수 있도록 도와주는 클라우드 기반의 메모 및 생산성 애플리케이션.

초기 목표가 '인간 기억의 확장'이었던 에버노트는 스마트폰이 본격적으로 보급되던 2009년 즈음부터 사람들에게 알려졌다. 초창기부터 에버노트를 사용했는데, 로고가 귀여워서였던 것 같다. 코끼리라니! '코끼리는 결코 잊지 않는다'라는 속담이 생각나기도 하고, 에버노트를 사용하면 코끼리처럼 오랫동안 많은 걸 기억하는 사람이 될 수 있을 것 같았다. 가장 놀라운 기능은 '동기화'였다. 아이폰에서 입력하면 아이패드에서 볼 수 있다! 지금은 흔한 기능이지만 당시에는 놀라운 혁신이었다. 기술이 빠른 속도로 발전하면서 우리는 놀라움에 익숙해지고 있다.

모든 자료를 에버노트에 모았고, 틈만 나면 에버노트에 뭔가 기록했다. 손글씨 입력으로 그림도 그렸다. 인터페이스는 조금 불편하고 메뉴는 뭔가 촌스러웠지만, 녹색 로고가 눈을 정화시켜 주었다. 수년 동안 잘 썼지만 앱이 점점 무거워지면서 부담이 느껴져 대안을 찾기 시작했다. 수년 동안 모아 둔 자료들을 쉽게 옮길 수 있는 곳을 찾아야 했다. 이별은 쉽지 않았다.

노션 Notion

텍스트 문서, 데이터베이스, 일정, 작업 등을 통합 관리할 수 있는 올인원 디지털 워크스페이스. 협업과 정보 정리를 위해 개인 또는 팀이 사용하는 클라우드 기반의 생산성 도구로, 위키, 메모, 프로젝트 관리, 지식 관리 기능을 통합적으로 제공한다.

노션에는 에버노트의 글을 한꺼번에 가져오는 기능이 있다. 포장 이사업체와 비슷한 역할인데, 나처럼 짐이 산더미인 사람에게는 문제가 많았다. 수년 동안 온갖 파일을 창고 구석구석에 모아 두었기 때문에 동영상, 사진, 음성 등 종류도 다양했다. 파일을 옮기고 보면 누락되는 경우가 많았다. 옮기다 에러 메시지가 뜨는 경우도 잦았다. 결국 모두 한꺼번에 옮기는 걸 포기하고, 노션과 에버노트를 동시에 쓰게 됐다.

노션의 가장 큰 장점은 데이터베이스를 구축하는 것이다. 그동안 본 영화와 책과 문화 콘텐츠의 리뷰를 하나의 데이터베이스로 만들기로 했다. 제목, 창작자, 별점, 태그, 구체적인 리뷰로 가는 링크 같은 세부 항목을 조절하면서 오랜 시간 동안 데이터베이스를 구축했다. 높은 별점순으로 정렬할 수도 있고, 제목순이나 리뷰를 쓴 시간순으로 정렬할 수도 있다. 대략 1,200개 정도의 항목을 데이터베이스로 만든 것 같다.

데이터베이스의 장점은 모든 걸 일목요연하게 볼 수 있다는 것이다. 1,200개의 점으로 만들어진 기록은 내 삶을 선으로 볼 수 있게 만들어 주었고, 매일 점을 찍는다는 기분으로 삶의 선을 이어 나갔다. 기록은 내 삶을 연속적으로 인식하게 만들어 준다.

노션의 또 다른 장점은 협업에 있다. 페이지를 공유해서 다른 사람과 함께 회의록을 정리할 수도 있고, 의견을 조정할 수도 있다. 커다란 무대를 만들어 함께 연기하는 셈이다. 노션을 그만두게 된 가장 큰 이유가 협업 기능이었다. 노션의 많은 유저는 협업 기능을 유용하게 잘 쓰겠지만 소설가에게 노션은 '투 머치'한 프로그램이었다. 혼자 자료 조사하고 혼자 초안을 만들고 혼자 캐릭터 노트와 관계도를 만들지만 누군가와 공유하기는 힘들다. 머릿속에는 엄청난 세계가 들어 있지만, 그 세계를 온전히 이해시킬 방법은 없다. 머릿속을 공유하는 기능이 있다면 또 몰라도 쓰는 과정을 공유할 방법은 없다. 노션 말고 다른 앱을 찾기 시작했다.

옵시디언Obsidian

마크다운을 기반으로 하는 로컬 저장 방식의 지식 관리 및 노트 작성 애플리케이션. 연결linking과 네트워크 그래프를 중심으로, 생각과 정보를 유기적으로 연결하고 탐색할 수 있게 설계된 비주얼 지식 관리 툴이다. 사용자의 메모를 하나의 데이터베이스처럼 활용할 수 있도록 지원하며, 개인 위키, 제텔카스텐 방식의 사고 정리, 연구 노트 작성 등에 적합하다.

옵시디언은 클라우드로 사용할 수도 있지만 기본 방식은 로컬 저장이다. 공유보다는 안전성을 더 중요하게 여긴다. 메모들을 '백링크' 방식으로 연결할 수도 있고, 다양한 플러그인을 장착해서 자신만의 기능을 추가할 수 있다. 옵시디언에 빠진 가장 큰 이유는 '그래프 뷰' 때문이었다.

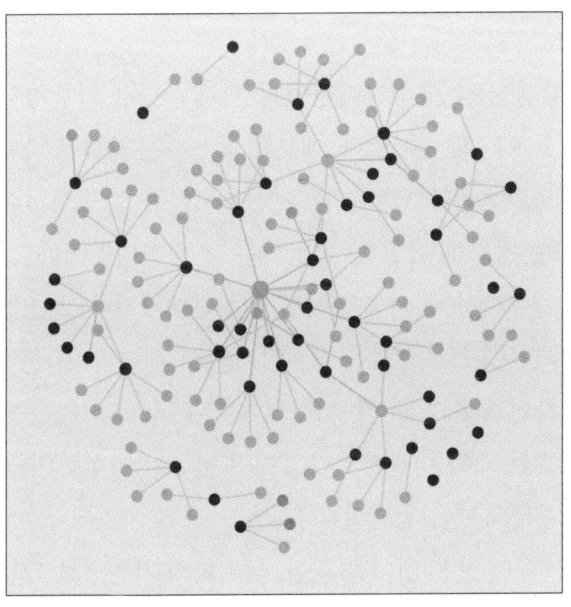

옵시디언의 그래프 뷰

그래프뷰를 보고 있으면 나의 뇌가 저런 방식으로 움직이는 것은 아닐까 상상하게 된다. 커다란 아이디어 하나가 수많은 곁가지로 뻗어 나가면서 작은 생각을 여러 개 만들어 내고, 그 생각들은 예전에 떠올렸던 생각과 연결된다. 그래프뷰는 메모를 하는 이유를 시각적으로 잘 보여 주는 것 같다. 메모를 하면서 우리는 예전에 이런 생각을 한 적이 없었나 떠올려 본다. 생각을 정리하여 구체적으로 메모를 하지 않으면 과거의 생각을 잘 떠올리지 못한다.

장점이 많은 옵시디언이지만 너무 많은 가능성이 열려 있다는 게 문제였다. 메모를 좋아하는 사람은 하나의 프로그램에다 모든 기능을 연결시키는 걸 좋아하는데, 그런 욕구에 가장 잘 부합하는 게 옵시디언이다. 그런데 이런저런 새 기능을 하나하나 연결시키다 보면 메모할 시간에 프로그램을 만지작거리게 된다. 어떤 수영복을 사면 좋을지 고심하다가 수영장 문 닫을 시간이 되어 버리는 것과 마찬가지다. (이런 비유가 이상하게 들릴지 몰라도 내 경험담이다.)

기능이 많은 앱이 좋을까, 최소한의 기능으로 간편하게 메모할 수 있는 앱이 좋을까. 당연히 최소한의 기능으로 더 많은 메모를 할 수 있는 앱이 좋다. 문제는 '최소한'의 기준이 사람마다 다르다는 것이다. 더 좋은 메모 앱이 없을까 고민하다 '근본'으로 돌아오는 사람이 많은 것 같다.

아이폰 메모장

ios의 기본 메모 앱. 처음에는 간편한 메모장이었지만 점점 진화하여 ios의 허브 역할을 하고 있다.

'아이폰 메모장이 잘못 동기화되어 몇 년 치 메모를 통째로 날린 사람'이 있다는 뉴스를 보았다. 끔찍하다. 메모를 좋아하는 사람은 메모가 나의 흔적이자 피부이자 혈관 같다는 생각을 자주 한다. 내가 떠올린 모든 생각, 장소를 방문했던 흔적, 기억해야 할 중요한 내용을 모두 메모장에 기록해 두는데, 만약 그게 사라진다면 신체의 일부가 뜯겨 나가는 느낌일 것이다. 그런 불안감 때문에 메모를 여기저기 남겨 두다 보면 똑같은 메모가 서너 군데서 발견되기도 한다. 없어진 것보다는 낫다.

아이폰의 기본 메모장은 여러모로 불편하다. 우선

몹시 느리다. 내 경우엔 메모가 많아서 더욱 느린 것 같다. 동기화가 누락되기도 하고(한참 있다가 복원되긴 한다), 정렬 방식도 불편하다. 그럼에도 이만한 메모장이 없다. '튜닝의 끝은 순정'이라는 말처럼 다른 메모 앱을 헤매고 다니다가 결국 아이폰 메모장으로 돌아온다. 오랜만에 써 보면 새로운 기능이 많이 생겨나 있다. 점점 좋아지고 있어서 언젠가는 아이폰 메모장에 정착할 것 같은데, 아직까지는 새로운 메모장을 찾아 헤매는 게 재미있다.

업노트 UpNote

글쓰기와 메모에 최적화된 미니멀한 디자인의 크로스 플랫폼 메모 애플리케이션. 마크다운 방식을 지원하며, 오프라인 접근, 잠금 기능 등으로 개인의 아이디어 정리와 일기, 글쓰기 등에 적합한 생산성 도구이다. 심플한 인터페이스와 강력한 폴더 및 태그 시스템을 갖추고 있고 장문의 글을 쓰는 사용자에게 안정적인 집필 환경을 제공한다. 안드로이드, 매킨토시, 윈도우에서 동시에 사용할 수 있는 몇 안 되는 메모 앱.

한동안 안드로이드 운영 체제를 사용했는데, 마음

에 드는 메모장을 찾기가 힘들었다. 아이폰처럼 순정 메모장이 적당히 마음에 들면 좋았겠지만 안드로이드는 메모장 춘추전국시대와 비슷한 상태였다. 그러다 결국 찾아낸 게 업노트. 업노트의 장점은 아이폰, 윈도우, 맥에서 모두 사용할 수 있다는 것이다. 나처럼 다양한 도구를 가지고 노는 사람에게는 정말 마음에 드는 기능이다. 안드로이드 폰, 아이폰, 아이패드, 맥에서 동기화되기 때문에 어디서나 메모를 할 수 있다.

직접 꾸민 업노트의 폴더 이미지

업노트는 폴더의 아이콘을 입맛에 맞게 꾸밀 수 있는데 직접 그린 이미지를 폴더 아이콘으로 사용할 수도 있다. 매번 똑같은 폴더 아이콘에 질린 사람이라면 환영할 만한 기능이지만, 이런 놀이로 몇 시간을 보낼 수 있는 사람에게는 에너지 낭비를 유발할 수도 있다. 한두 시간 동안 아이콘을 만들다가 문득 '지금 내가 메모할 시간을 쪼개서 메모장 꾸미기를 하고 있구나, 대체 뭐하는 짓인가'라는 생각을 하게 된다. 생각해 보면 '다꾸'(다이어리 꾸미기)의 핵심 역시 불필요한 장식에 지나치게 많은 시간을 들인다는 것이다. 당사자는 불필요한 장식이라 생각하지 않고 시간 낭비라고 생각하지 않는다. 어쩌면 메모의 핵심은 '아이디어를 기록하는' 이상의 행위일지도 모른다. 다이어리에 작은 스티커를 붙이고 색색의 펜으로 장식하고 글씨를 예쁘게 쓰기 위해 노력하는 것 역시 메모의 한 부분이다.

베어 Bear

깔끔한 인터페이스와 타이포그래피를 특징으로 하는 ios 및 macOS 전용 마크다운 기반 메모 애플리케이션. 깔끔하고 미니멀한 디자인이며 '태그'로 파일을 관리하는 특징이 있다.

에버노트의 코끼리에 대적할 만한 '곰' 메모장이다. 태그로 모든 메모를 정리한다는 특징과 미니멀한 디자인이 아름답다는 점 말고는 별다른 개성이 없는 앱인데, 나는 앱 로고가 마음에 들어서 자주 이용한다. 사용할 때마다 어째서 앱의 이름이 '베어'인지 생각하곤 한다. 곰과 메모는 어떤 연관이 있나? 자료를 찾아봐도 특별한 언급은 없다.

괜스레 가설을 세워 보면, 첫째, 곰은 겨울잠을 자는 동물이니까 많은 정보를 저장하여 그걸 필요할 때 잘 써먹을 수 있는 메모앱이라는 걸 강조했다. 둘째, 화려한 기능 없이도 가장 기본적인 기능만으로도 충분하다는 점을 강조했다. 셋째, 곰은 혼자라는 사실을 두려워하지 않는 동물이니까 혼자만의 세계를 만들기 위해서는 메모가 필요하다는 점을 강조했다. 베어를 만든 회사 이름은 'Shiny Frog'(반짝이는 개구리)다. 개구리와 곰의 공통점을 생각해 보면 첫째 가설이 맞을 것 같다.

율리시즈 Ulysses

글쓰기 집중에 최적화된 macOS 및 iOS 전용 마크다운 기반의 문서 작성 애플리케이션. 소설, 에세이, 블로그 글, 학술 문서 등 다양한 형태의 글을 체계적으로 관리하고 편집할 수 있도록 지원한다. 파일 구조 없이 '시트'sheet 단위로 글을 분리하고, 태그 및 그룹 기능으로 유기적인 글 관리가 가능한 클라우드 동기화 기반 생산성 앱.

2025년 현재 주로 사용하는 메모 앱이다. 메모뿐 아니라 간단한 에세이도 율리시즈로 쓴다. 아마 매킨토시 환경에서 내가 가장 좋아하는 앱일 것이다. 율리시즈를 좋아하는 이유는 수십 가지다. 일단, 나비 로고가 아름답고(베어처럼 나비를 사용한 이유에 대해 온갖 상상을 해 보고 싶지만 여기선 생략), 글을 일일이 저장할 필요가 없고, '시트' 단위로 관리할 수 있다. 제임스 조이스의 소설 『율리시즈』에서 이름을 따왔다는 사실도 좋다 『율리시즈』는 하루 동안 더블린을 떠돌아다니는 주인공의 이야기인데, 글쓰기라는 여정에 잘 어울리는 이름 같다. 내가 만약에 글쓰기 앱을 개발하게 된다면 '이어도'(이청준의 소설 제목이다)라는 이름을 붙일까 한다. 쓰고 있는 글을 계속 이어도 이어도 새로운 이야기가 탄

생활 것 같지 않나.

최근의 메모 앱은 대부분 백업 기능이 훌륭하지만 율리시즈는 최근 여섯 달의 백업을 저장한다. 프로그램이 갑자기 꺼지거나 다른 컴퓨터에서 사용하던 내용과 잘못 동기화된 적이 여러 번 있었는데 백업이 있어 걱정이 없었다. 짧은 메모, 할 일 리스트, 짧은 에세이, 이미지를 첨부한 자료집 기능 등 다양하게 사용할 수 있다. 내가 가장 좋아하는 기능은 진행 상황 그래프다.

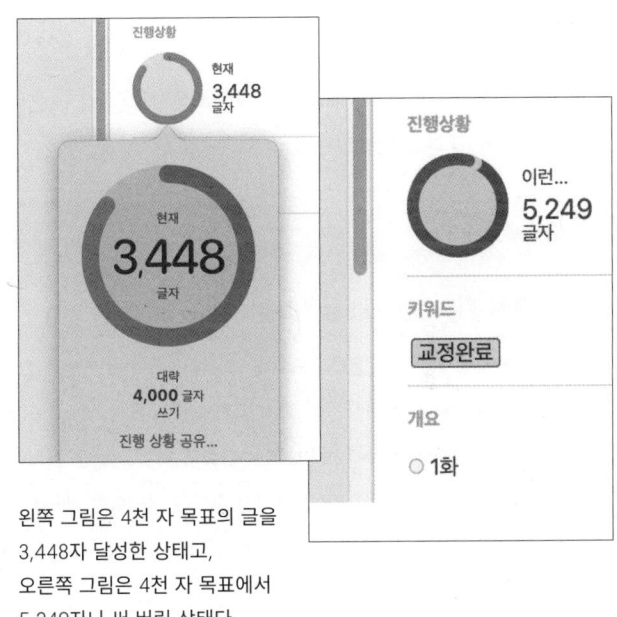

왼쪽 그림은 4천 자 목표의 글을
3,448자 달성한 상태고,
오른쪽 그림은 4천 자 목표에서
5,249자나 써 버린 상태다

목표 글자를 설정해 두면 현재 글이 몇 퍼센트쯤 진행됐는지 그래프로 보여 준다. 목표를 초과하면 빨간색으로 표시해 주면서 '더 쓰지 말라'는 경고를 날린다. 축하의 의미로 받아들일 수도 있겠지만 '이런……'이라는 감탄사가 붙어 있는 걸 보면 '어쩌려고 원고량을 넘겨 버렸어? 원고량이 넘친다고 돈을 더 주는 것도 아닌데……'라는 의미가 아닐까 싶다. 짧은 메모를 할 때는 소용이 없는 기능이지만 조금 긴 에세이를 쓸 때는 무척 요긴하다. 간단한 메모를 할 때도 목표를 정해 두면 재미있다. 목표가 생기면 머리를 짜내게 되고, 생각을 확장시키거나 절대 세상에 등장하지 않을 법한 생각도 끄집어낼 수 있다. 다른 메모 앱에도 이 기능만큼은 반드시 들어가면 좋겠다.

구글 킵 Google Keep

구글에서 제공하는 클라우드 기반의 간단하고 직관적인 메모 및 할 일 기록 애플리케이션. 텍스트, 체크리스트, 음성 메모, 이미지 등을 빠르게 기록할 수 있으며, 색상 분류와 라벨 기능을 통해 시각적으로 정리할 수 있다. 포스트잇처럼 간단한 아이디어 기록에 적합한 메모 도구로, 공동 편집 기능을 통해 간단한 협업도 지원한다.

안드로이드 사용자와 아이폰 사용자를 모두 만족시키는 앱은 많지 않다. 내가 좋아하는 앱은 '업노트'와 '구글 킵' 정도다. 포스트잇을 닮은 디자인이고 메뉴가 직관적이어서 누구나 쉽게 사용할 수 있다. 각각의 메모에 색을 정할 수도 있고 검색도 편리하다. 다양한 메뉴를 한눈에 볼 수 있는 게 가장 큰 특징이고, 손글씨 사용도 무척 쉽다.

아래 그림은 소설 『딜리터』를 쓸 때 생각나는 다양한 메모를 하나의 카테고리에 묶어 놓은 것이다. 주인공 얼굴도 그려 보고, 제목도 써 보았다. 떠오르는 것을 모두 메모로 만들었다. 예전에 만들어 놓은 메모들이지만 소설을 쓸 때의 감정이 생생하게 떠오른다. 어떤 아이디어를 떠올렸을 때는 너무 좋아서 무릎을 두드렸고, 어떤 아이디어는 과연 소설에 쓸 수 있을까 의심이 들었지만 일단 적었다. 그런 메모들이 모여 있으니 더욱 내 머릿속 풍경 같다. 확신에 찬 생각만 메모로 쓰는 것은 아니다. 때로는 불확실하고 불완전해서 메모가 필요하다. 어떤 방식으로든 메모를 써 놓고 나면 마음이 편안해진다. 머릿속에서 흐릿한 안개로 존재하던 어떤 생각들이 실물이 되어 현실의 평면 속에 놓이는 순간, 생명을 얻게 된다.

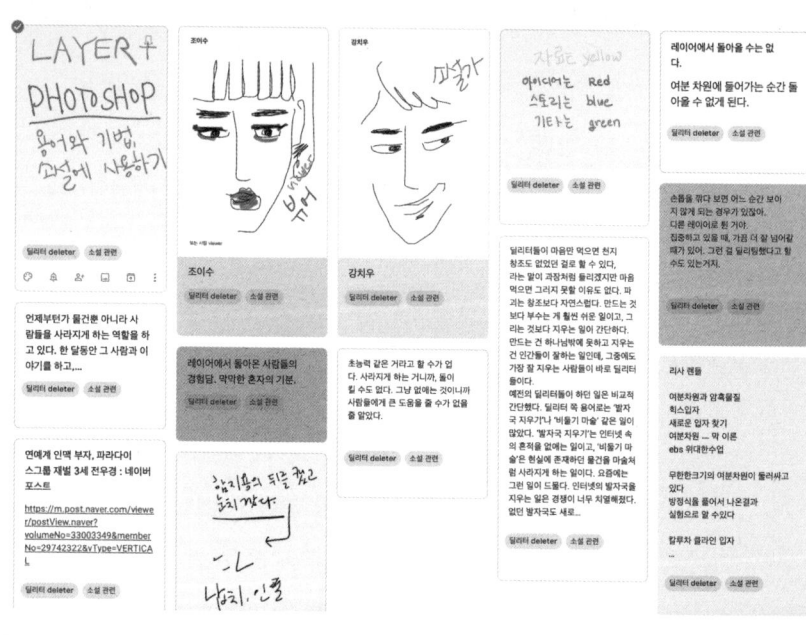

구글 킵의 캡처 화면

데이원 Day One

개인의 일상, 감정, 생각 등을 기록할 수 있도록 설계된 프라이빗 저널(일기) 애플리케이션. 시간, 위치, 날씨, 사진 등 다양한 메타데이터를 자동으로 기록하여 일기 작성의 몰입도와 정밀도를 높여 준다. iOS, macOS, Android 등 여러 플랫폼에서 사용할 수 있으며, 암호화된 클라우드 백업 및 다이어리 잠금 기능을 통해 높은 보안성을 제공한다. 글쓰기 외에도 하루의 순간을 저장하는 삶의 아카이브로 기능하며, 꾸준한 기록 습관을 돕는 리마인더 및 템플릿 기능이 있다.

사실 일기를 많이 쓰지 않는다. 거의 쓰지 않는다. 저녁이 되어 오늘 하루에 어떤 일이 있었는지 돌이켜 보는 걸 좋아하지 않는다. 대신 현재의 시간에 충실하려고 노력한다. 데이원을 가장 많이 쓸 수밖에 없다. 데이원은 일기 앱이지만 현재를 기록하기에 좋다. 현재의 기분이 어떤지 뭘 먹고 있는지 어떤 음악을 듣고 있는지 어디로 가고 있는지 데이원에 모두 기록한다. (데이원을 매번 열어 써 놓는 건 아니고, 아이폰의 '단축어'를 사용한다.) 지금 듣고 있는 음악이 좋으면 '샤잠'과 연결해 데이원에 기록한다. 오전에 찍은 사진을 뒤늦게 올리더라도 사진 찍은 시간으로 저장된다.

2025년 2월
어느 날의 일기

일기라기보다 감정과 사건의 캡처에 가깝다. 밥 먹고 나서 졸린 것도 쓰고, 빵을 사다가 잠깐 시간이 남으면 빵 포장하는 동안 메모를 남긴다. 시계 화면도 캡처하고 뜬금없이 '소설을 잘 쓰고 싶다'는 속마음을 기록하기도 한다. 소설가의 메모라고 하기에는 맥락도 없고 논리도 없고 표현도 거칠다. 좋은 생각이 나서 쓴 것이 아니라 쓰다 보면 뭔가 생각이 날 것 같아서 계속 메모 앱을 붙들고 있는 것이다. 틈이 나면 뭐든 적었다. 거기 뭔가 의미 있는 것이 있길 바라면서, 아무것도 하지 않는 것보다 뭐라도 적는 게 좋으니까 계속 적었다. 메모는 먼 훗날 내가 나를 이해할 수 있는 좋은 단서가 되리라 생각한다.

　　미래의 나에게 줄 수 있는 최고의 기록은 무엇일까? 2025년의 내가 어떻게 살았는지, 무슨 생각을 했는지 알려 줄 수 있는 방법은 무엇일까? 나는 내밀한 감정의 심세한 기녹보다 이런 식의 일상 나열이 더욱 효과적이라고 생각한다. 2015년의 기록을 다시 들여다보면, 나는 사람을 만나고 산책을 하고 농구장에 가서 경기를 보고 파스타를 먹었다. 가끔 신세 한탄을 하기도 하고 마감에 쫓기기도 했다. 어떤 생각을 했는지는 정확히 알 수 없는데, 그게 마음에 든다. 사람마다 차이가 있을 것이다. 미래의 나에게 주고 싶은 게 다를 것이다. 나는 미래의 나에게 데이원 속의 데이터를 주고 싶다. '젠틀 B'라는 빵집을 좋아했고, 실내 자전거로 운동을 했고, 『오징어 게임』을 보았다. '아, 그때도 밥을 먹으면 졸음이 닥쳤구나.'

페이지스, 스크리브너, 구글 문서, MS 워드(전문적인 글쓰기 프로그램)

지금까지는 내가 사용해 온 메모 애플리케이션을 소개했다. 글쓰기 전용 프로그램도 몇 개 소개하고 싶다. 소설가로서 가장 많은 메모를 할 때는 글을 쓰다가 새로운 아이디어가 떠올랐을 때다. 글쓰기 프로그램을 사용하고 있는데 또 새로운 앱을 열어서 메모를 한다는 건 무척 번거로운 일이다. 쓰고 있는 프로그램에 메모 기능이 있다면 거기에 적는 게 좋다. 지금 이 글은 MacOS의 기본 글쓰기 프로그램 '페이지스'Pages로 쓰고 있는데 주석 기능을 자주 사용한다. 현재 쓰고 있는 부분에 중요 표시를 한다거나 확인해야 할 문제를 적어 두고 싶을 때 주석에다 메모한다. 빨간 점이 생기고 마우스를 갖다 대면 내용이 나타난다. 장편소설을 쓸 때는 '스크리브너'를 자주 이용하는데 본문 옆에 '노트'라는 메모장이 늘 떠 있기 때문에 거기에다 생각을 적는다. '구글 문서'를 사용할 때는 '댓글' 기능을 이용하고, 'MS 워드'에는 메모 기능이 따로 있다.

메모 앱은 점Dot에 가깝고 글쓰기 앱은 선Line과 비슷하다. 메모는 점을 찍어 두는 것이고, 그 점을 이어 붙이면 선이 된다. 메모 앱은 빨리 점을 찍을 수 있게 도와주는 게 핵심이다. 복잡하면 안 된다. 글쓰기 앱은 사용법이 조금 복잡하더라도 점을 선으로 바꿀 수 있어야 한다. 때로는 메모 앱만으로 긴 글을 완성하는 사람도 있다. 때로는 글쓰기 앱에다 수많은 메모를 남긴다. 지금까지 수많은 프로그램을 헤매고 다닌 것은 최고의 앱을 찾지 못했기 때문이다. 쉽게 열어서 메모를 할 수도 있고, 다양한 부가 기능이 있으면서 단순하며, 아주 긴 이야기도 간편하게 편집할 수 있는 앱은 없을까 지금도 찾아 헤맨다. 생각해 보면 종이는 이미 그런 복잡한 기능을 모두 가지고 있다. 심지어 전기도 필요 없다. 이어지는 '10가지 추천 메모법'에 종이가 자주 등장하는 것도 아마 그런 이유에서일 것이다.

I 메모의 경험들
: 나는 메모의 총합이다

II 메모의 도구들
: 쓰려고 다 써 봤다

III 메모의 방법들
: 추천하는 10가지 메모법

1

작은 수첩에 메모하기

우선 알맞은 수첩을 마련한다

내가 좋아하는 몰스킨의 포켓 다이어리는 가로 9센티미터×세로 14센티미터 크기다. 수첩의 크기와 판형이 메모의 성격을 결정짓기도 한다. 긴 이야기를 쓰기보다는 짧은 글, 번쩍이는 아이디어를 적게 된다.

가로로 넘기는 형태가 많지만 세로로 넘기는 수첩이 더 마음에 든다. 어릴 때 영화에서 기자들이 수첩을 넘기는 장면에 매료됐다. "좀 더 구체적으로 말씀해 주시겠어요?"라며 무심하게 수첩 한 장을 넘기고 볼펜으로 상대의 말을 받아 적는 장면이 멋있어 보였다. 가로로 넘길 때보다 세로가 훨씬 폼난다.

포켓 사이즈
한 장 정도의
길이로 생각하기

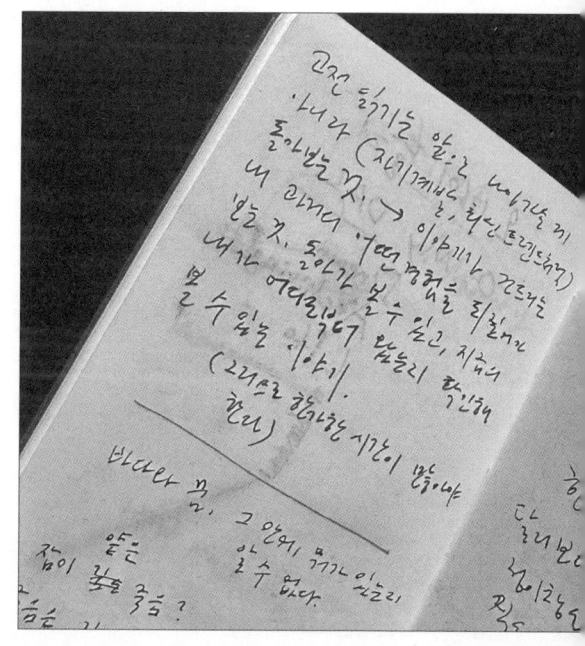

언제나 가지고 다닌다

작은 수첩의 핵심 기능은 휴대성이다. '포켓'이라는 이름답게 주머니에 넣어 다닐 수 있다. 언제든 꺼내서 뭔가 적을 수 있다. 작은 가방을 들고 다닐 때도 언제든 꺼낼 수 있다. 붐비는 지하철에서도 꺼내서 뭔가 적을 수 있다. 언제나 가지고 다닐 수 있다는 건 생각보다 중요한 기능이다. 사람들이 휴대전화를 최고의 메모장으로 생각하는 이유는, 늘 가지고 다니기 때문이다. 휴대전화가 없을 때는 포켓 사이즈 수첩이 그 자리를 차지하고 있었다.

외출할 때 챙겨야 하는 물건을 책상 한쪽에 모아 두는 편이다. 열쇠, 지갑, 보조 배터리 같은 물건과 함께 수첩을 놓아둔다. 수첩을 가지고 갈까 말까 고민하지 말고, 열쇠 같은 것이라 생각하면 편하다. 수첩은 생각의 문을 열어 주는 열쇠다.

딱 한 권으로 해결한다

계란은 한 바구니에 담지 않아야 하지만, 메모는 한 권에 모두 담는 게 좋다. 내 경우엔 그랬다. 여러 권에 기능을 분산하는 순간 메모의 양이 줄어들었다. 영화 수첩, 독서 수첩, 아이디어 수첩, 이런 식으로 분류를 해 두면 좋은 생각이 떠오를 때마다 해당 수첩을 찾아야 한다. 그보다는 수첩 하나를 두 부분으로 나누길 추천한다. 앞쪽에서는 온갖 다양한 메모를 써 나가고, 꼭 기억해야 하거나 중요하다고 생각되는 내용은 뒤쪽에서부터 쓴다.

줄이 없는 수첩을 써 보자

이건 취향의 문제일 수도 있겠다. 인간이란 규칙이 생기면 따르게 되는 존재이기에(나만 그래?) 줄이 그어진 수첩을 보면 줄에 맞춰 쓰고 싶어진다. 줄에 맞춰 쓰는 게 나쁜 건 아니지만 그림을 그리거나 낙서를 하기에는 알맞지 않다.

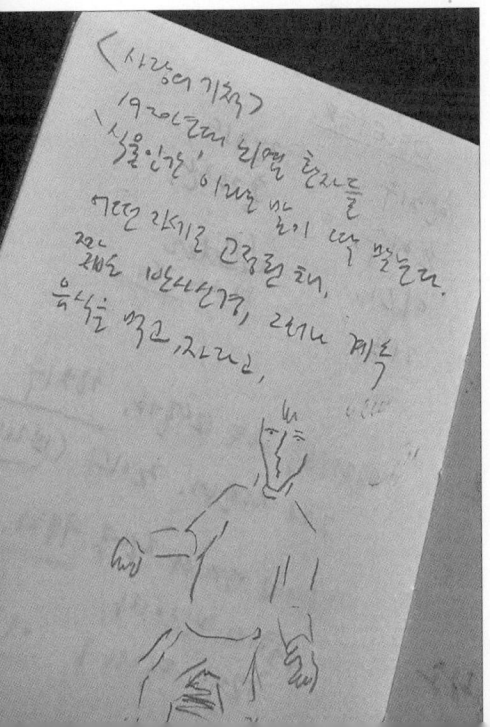

그림과 낙서를 위해서는
빈칸이 필요하다

반드시 개인 정보를 수첩에 남겨 둔다

다이어리를 여러 번 잃어버렸는데 매번 찾았다. 전화번호와 전자우편 주소를 적어 놓았기 때문이다. 빼곡하게 적어 놓은 메모를 보면 누구든 주인을 찾아 주고 싶을 것이다. 누군가와 새로운 인연을 만들고 싶다면 반드시 개인 정보를 적어 둔 수첩을 잃어버리길 바란다. 누군가 읽어 주길 바라는 마음으로 당신의 생각을 빼곡하게 적어 놓으면, 언젠가 이상적인 파트너를 만날지도 모른다. 영화 『세렌디피티』 속 운명의 5달러처럼 운명의 수첩이 될지 누가 알겠나. 물론 "이런 생각을 하다니 참 이상한 사람이군. 세상에서 이런 쓸데없는 생각은 사라지는 게 좋겠어"라며 수첩을 불구덩이에 던져 버릴지도 모르겠지만.

2

카드에 메모하기

디자이너의 카드 메모법

일본 디자이너 요리후지 분페이 씨의 작업실을 구경한 적이 있다. 어디를 가든지 아티스트의 메모 방법을 물어보는 게 버릇이라서 특별한 메모 방법이 있는지 물었다. 요리후지 씨는 자신의 카드 메모법을 소개해 주었다. 책을 읽을 때면 카드를 여러 장 준비한 다음 독서 노트를 만든다. 카드 한 장에다 많은 것을 적지 않고, 한두 가지 생각거리만 메모한다. 책을 다 읽고 나면 여러 장의 카드가 남는다. 낱장의 카드로도 의미가 있고, 카드를 순서대로 정리하면 독서의 흔적이 고스란히 남는다. 카드를 만들면서 내용을 정리하기도 하지만 어떤 내용이 자신을 자극했는지를 상세하게 적는 편이다.

요리후지 분페이 씨의 카드 메모

일종의 모듈 메모법이라고 할 수 있는데, 요리후지 씨의 사무실 역시 모듈로 구성돼 있었다. 직원들이 각각의 책상을 이용하다가 회사의 큰 프로젝트를 시작하게 되면 모든 책상을 가운데로 모은다. 그러면 중앙에 하나의 거대한 책상이 생겨난다. '크기가 달라지면 생각이 달라진다'는 게 그의 설명이었다.

롤랑 바르트의 카드 메모법

프랑스 철학자 롤랑 바르트 역시 카드 메모를 즐겨 했다. 그러면서 메모란 '지식을 위한 것이 아니라 글쓰기를 위한 것'이라고 설명했다. 우리는 책을 읽을 때 이해한 것을 최대한 메모로 남겨 두고 싶어 한다. 나중에 메모를 보고 자신이 뭘 알게 됐는지 확인하고 싶어 한다. 그러다 보면 메모가 길어지고 자세해진다. 지식을 위한 메모는 책보다 더욱 복잡해지기도 한다. 때로는 그런 메모가 필요할 때도 있다. 메모가 또 다른 출발점이 되길 원한다면, 책으로부터 받은 자극을 메모로 폭발시켜 새로운 글을 쓸 수 있다면, 메모는 짧고 강렬할수록 좋다.

롤랑 바르트의 『애도 일기』는 메모로 이뤄져 있다.

어머니의 죽음을 애도하는 과정에서 써 내려간 메모 모음집이다. 체계적인 설명보다는 감정의 흔적이 중요하고, 이성적으로 통제하기보다 떠오르는 대로 써 내려간 글이다. 애도는 메모와 비슷하다. 문득 생겨나고, 논리적이지 않다. 사랑했던 사람과의 기억을 붙잡으려 애쓰는 마음과 흩어지려는 생각을 어떻게든 메모로 남기려는 절실함은 놀랍도록 닮았다. 애도가 완성될 수 없는 것처럼 메모 역시 미완성으로 남을 수밖에 없으니, 애도의 마음을 메모로 적은 것은 가장 완벽한 글쓰기의 형식일 것 같다.

카드에서 이야기 출발하기

요리후지 분페이 씨에게 자극을 받아 카드 메모를 시작했다. 링으로 묶을 수 있는 단어장을 여러 개 샀고, 책을 읽을 때마다 거기에 적었다. 생각보다 쉽지 않은 작업이었다. 책에는 맥락이 있어서 뭔가 내용을 쓰게 되면 맥락 전체를 기록하려는 마음이 앞선다.

오른손잡이 → 협동을 해야 하는 상황이 많을수록 한목소리를 내게된다.
(오른손잡이가 좋아 보인다)

↓

왜 모두가 오른손잡이가 아닐까?
경쟁을 할 때에는 변칙적으로 다른 방향을 써야 앞서 나갈 수 있기 때문에.

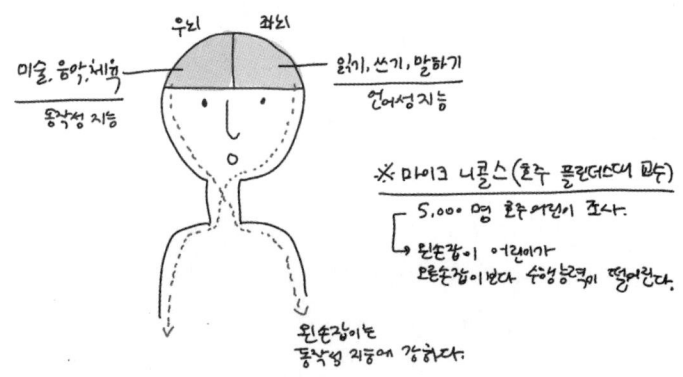

우뇌 / 좌뇌
미술, 음악, 체육 — 읽기, 쓰기, 말하기
동작성 지능 — 언어성 지능

※ 마이크 니콜스 (호주 플린더스대 교수)
- 5,000명 호주 어린이 조사.
- 왼손잡이 어린이가 오른손잡이보다 수영능력이 떨어진다.

왼손잡이는 동작성 지능에 강하다.

※ 개나 고양이는 성호르몬이 사용하는 발을 결정한다.
- 암컷 - 오른발, 수컷 - 왼발

• 공동에서는 왼손으로 밥을 먹거나 악수하는 것, 금기.

오른손으로 악수하기 (로마제국 시절)

상대에게 무기가 없음을 보여주기 위해 오른손 악수.
↳ 왼손으로 악수하면, 무기를 숨기고 있는 것.

직접 만들어 본 카드 메모

왼손과 오른손에 대한 문화가 어떻게 다른가를 다룬 책을 읽다가 만들었던 메모다. 모든 내용을 다 읽어야 의미를 확인할 수 있다. 내용이 너무 많고 산발적이다. 우뇌와 좌뇌에 대한 이야기도 있고, 호주의 교수에 대한 사례도 있고, 동물의 발, 오른손으로 악수하는 문화도 담겼다. 카드 메모를 이런 식으로 하면 나중에 다시 보기 힘들다. 이 카드에 남기고 싶은 내용은 무엇일까? '상대에게 무기가 없음을 보여 주기 위해 오른손 악수'를 시작했다는 내용은 어디엔가 사용할 수 있을 것 같았다.

　　이 메모는 훗날 「왼」이라는 단편소설로 발전했다. 왼손과 오른손의 의미에 대한 여러 자료를 보았지만 시작점은 아마 이 메모에서 출발했을 것이다. 나중에 이런 문장을 썼다.

　　"나의 왼손으로 시계를 반대 방향으로 돌릴 것이나. 시간을 되돌린 다음, 우주의 탄생으로 돌아가 신을 만날 것이다. 그리고 우리는 악수를 할 것이다. 서로의 왼손으로."

감정 카드 만들기

롤랑 바르트식 감정 카드 만들기는 어렵지 않다. 마음속 감정을 카드에 토해 낸다고 마음먹으면 된다. 카드에 날짜를 적고, 지금 마음속에서 움직이고 있는 감정의 결을 포착한다. '외롭다'는 감정이 포착되었다면, '외롭다'는 감정을 카드에 쓰고, 감정을 설명해 줄 수 있는 내용을 덧붙이면 된다. '첼로의 활이 마음속의 외로움을 긁는다'처럼 감각을 포착할 수도 있고, '어제 친구가 했던 말이 계속 생각난다. 혼자가 된 것 같다'처럼 상황을 설명할 수도 있다. 오직 한 가지 감정만 적고, 그 감정에 몰두하면서 카드를 만들다 보면 우리에게 얼마나 많은 감정이 다양한 방식으로 펼쳐지는지 알 수 있을 것이다.

제텔카스텐

카드 메모법이 '창의적인 생각'을 촉발시킨다면 니클라스 루만이 만든 '제텔카스텐'Zettelkasten(독일어로 '메모 상자'라는 뜻)은 '논리적인 연결'을 더욱 중요하게 여긴다. 니클라스 루만은 평생 9만 장이 넘는 메모 카드를 만들었고, 그 메모를 바탕으로 수많은 책을 집필했다.

제텔카스텐을 요약하자면, 첫째, 하나의 메모에 하나의 생각을 적는다. 둘째, 각 메모에 고유한 식별 번호를 붙인다. 셋째, 메모와 메모를 서로 연결한다. 하나의 메모에다 관계있는 다른 메모의 번호를 적어 놓는다. 넷째, 출처를 기록해 둔다. 니클라스 루만은 카드에다 제텔카스텐을 구현했지만 요즘에는 '옵시디언'이나 '롬 리서치' 같은 프로그램을 이용할 수도 있다. 메모들끼리 '백링크'로 연결하거나 그래프뷰로 전체적인 연결을 조망할 수도 있다. 제텔카스텐은 사용법을 다루는 책이 나와 있을 만큼 내용이 풍부하니 관심 있는 분은 서점에서 찾아보시길.

시나리오 작가의 카드 이용법

영화 『빅 피쉬』의 각본가로 유명한 존 어거스트는 인덱스 카드로 플롯 짜는 걸 좋아한다. 카드 한 장에 한 시퀀스의 핵심을 적는다. 복잡한 이야기는 모두 생략하고 짤막한 문장으로 핵심 사건만 적는다. 구체적인 감정이나 인간들의 미묘한 관계를 적기보다 사건을 적는다. 사건을 적은 카드 여러 장을 테이블에 늘어놓은 다음, 카드를 이리저리 옮겨 보면서 어떻게 하면 사건을 극적으로 표현할 수 있을지 고민한다. 카드에 색깔을 도입할 수도 있다. 액션 시퀀스는 빨간색, 달콤한 시퀀스는 파란색, 이런 식으로 구분해 두면 카드의 색깔만으로 영화 전체의 리듬을 알 수 있다. 존 어거스트는 한 편의 영화를 표현하는 데 50장의 카드면 충분하다고 설명한다. (글쓰기 프로그램 '스크리브너'에서는 '코르크보드'라는 기능으로 카드를 대신한다.) 이야기 만드는 사람을 '스토리 DJ'라고 불러도 되겠다. DJ가 여러 장의 음반을 믹싱해서 새로운 감동을 주듯 이야기 만드는 사람은 인덱스 카드 속의 여러 가지 이야기를 이리저리 섞어서 한 번도 들어 보지 못한 이야기를 만들어 낼 수 있다.

3

표로 정리하기

데이터 한 줄씩 쌓아 가기

엑셀의 자세한 기능을 처음 알고 나서 '세상 참 좋아졌다'는 생각을 했다. (그때는 세상이 더 좋아질 줄 몰랐고, 인공지능을 이렇게 자주 쓸 줄은 몰랐지!) 숫자만 집어넣으면 계산도 척척 하고 그래프도 만들어 준다. 무엇보다 다양한 항목들을 일목요연하게 볼 수 있다. 엑셀로 메모를 할 수 있겠다는 생각을 한 건 '노션'을 알고 나서였다. 노션은 문서 작성이 기본이지만 엑셀처럼 표를 만들어 관리할 수 있다. 표 안에서 필터링도 가능하고 원하는 방식의 정렬도 가능하다. 엑셀 같은 강력한 계산 기능은 없지만 문서 친화적인 면 때문에 메모와 더 잘 어울린다. 노션에다 차곡차곡 데이터를 쌓아 나갔다.

노션이 무거워지자 구글로 옮겼다. '구글 시트'는 엑셀과 기능이 비슷한 무료 프로그램이다. 엑셀만큼 대용량 데이터를 처리하지는 못하지만 가벼운 분석 도구로는 충분하고, 협업 기능은 엑셀보다 강력하다. 아래 이미지는 구글 시트에 정리해 놓은 독서와 영화 데이터다.

영화	966	리처드 쥬얼	클린트 이스트우드	7	
책	965	미키 7	에드워드 애슈턴	7	
영화	964	동경 이야기	오즈 야스지로	8	훌륭한 영
책	963	에세이즘		7	
영화	962	막달레나 시스터즈	피터 멀런	7	클레어 키
영화	961	고스팅	덱스터 플레처	6	몰입은 안
영화	960	원맨	로버트 로렌즈	5	리암 니슨
영화	959	이처럼 사소한 것들 (영화)	팀 밀란츠	7	
책	958	이처럼 사소한 것들	클레어 키건	9	
드라마	957	가족계획	김선, 김곡	8	오랜만의
영화	956	레블 리지	제레미 솔니에르	8	별 것 아
영화	955	서브스턴스	코랄리 파르쟈	5	자기 혐오
영화	954	하얼빈	우민호	6	비장 오브
영화	953	캐리온	하우메 콜렛 세라	6	하필이면
영화	952	드라이브 어웨이 돌스	에단 코엔	8	마가렛 퀄
영화	951	노 베어스	자파르 파나히	8	곰이 없다
드라마	950	정년이	정지인	6	눈물나는

10점 만점으로 별점을 매기지만 나중에 수정하는 경우도 많다

책을 읽거나 영화를 볼 때마다 데이터를 입력한다. 분류를 만들고, 창작자의 이름을 적고, 별점을 매기고 한 줄 평도 적는다. 책과 영화에 대한 구체적인 메모는 구글 문서에 만든 다음 링크로 연결시킨다.

누군가 책이나 영화를 추천해 달라고 하면 별점 순으로 정렬을 하거나 태그를 검색한다. 책이나 영화에 대한 구체적인 감상이나 평가는 잊기 쉬워서 정리해 두지 않으면 기준이 흔들릴 수밖에 없다. 별점을 매겨 놓으면 내가 좋아했던 책과 영화로 기준을 만들 수 있다. 평론가처럼 작품의 완성도를 점수로 매긴다기보다 내 취향의 정확한 기준표를 만드는 것이다.

구글 시트로 일기 쓰기

구글 시트에 다양한 정보를 모아 둘 수 있다. 책과 영화에 관련된 데이터뿐 아니라 매일 한 줄 일기장으로 만들 수 있다. 기분을 점수로 매기고 주요 사건을 적고 구글 문서에 자세히 쓴 일기를 링크로 연결할 수도 있다. 가장 특별했던 날 순서로 정렬해 볼 수도 있고, 한 달 동안의 기분을 그래프로 만들어 볼 수도 있다. 색을 입혀서 기분의 분포를 볼 수도 있고, 한 달 기분의 평균을 내 볼 수도 있다. 하루 중 가장 마음에 들었던 노래를 적어 둔 다음 나중에 '내 인생의 사운드트랙'으로 만들어 볼 수도 있다. 그런 날이 모여서 삶이 된다.

이야기의 흐름을 도표로 만들기

역사상 최고의 영화 작가인 빌리 와일더는 자신의 플롯을 종이 한 장에 요약하길 좋아했다. 플롯을 요약하려면 복잡한 이야기를 단순하게 정리할 줄 알아야 한다. 만약 빌리 와일더가 구글 시트를 알았더라면 분명 잘 사용했을 것이다. 시퀀스 번호, 장면 요약, 갈등 포인트, 주인공의 행동선, 숨겨야 할 정보, 관객의 예상 반응 같은 순서로 시트를 만들었을 것이다. 빌리 와일더가 늘 강조했던 시나리오의 중요한 원칙은 '이야기가 어디로 가는지 작가는 미리 알고 있어야 한다'였다. 플롯을 미리 설계해 놓지 않으면 등장인물들이 길을 잃을 수밖에 없고, 대사들도 공허해질 수밖에 없다는 것이다.

4

마크다운 메모법

마크다운 메모법은 왜 필요할까?

컴퓨터나 휴대전화로 메모하는 사람은 마크다운 문법이 뭔지 들어 봤을 것이다. 노션, 구글 문서, 에버노트, 율리시즈 등 대부분의 메모 앱에서 마크다운을 지원한다. #을 하나 쓰면 큰 제목, ##을 표기하면 작은 제목, ###은 더 작은 제목으로 표시된다. *를 쓰면 글자를 강조할 수 있다. 마우스를 사용하지 않고 오직 키보드만으로 메모의 구조를 만들고 강조할 곳과 참조해야 할 부분을 표시해 두는 것이다. 간결한 기호 체계를 이용해 문서의 구조를 쉽게 표현할 수 있다.

> # 제목
> ## 작은 제목
> ### 더 작은 제목
> **강조는 이렇게**
> > 인용은 이런 식으로
> ++코멘트도 할 수 있습니다.++

메모 앱 율리시즈에서 마크다운을 활용했다

열심히 메모를 하다 지금 쓴 내용이 중요하다는 생각이 들었다. 마우스로 손을 뻗어서 블록을 지정한 다음 마우스 오른쪽 버튼을 눌러서 '굵게'를 선택하고 다시 키보드로 돌아오다 보면, 흐름이 끊어질 수밖에 없다. 마크다운을 사용하면 **를 문장 앞뒤에 붙이면 그만이다.

마크다운이 개발된 이유는 '사람이 읽기도 편하고 기계가 처리하기도 쉬운' 글쓰기 포맷이 필요해서였다. 초기에는 프로그래머들이 마크다운을 주로 사용했지만 메모 앱이 보급되면서 블로그를 운영하는 사람이나 기획자, 기자, 작가도 마크다운을 자주 사용한다. 마크다운 문법의 가장 큰 장점은 한눈에 알아보기 쉽다는 것이다. 여러 개의 제목으로 구조를 짜고, 중요한 부분에 밑줄을 그어 두고, 인용한 부분에 배경색을 달리하면 어떤 부분을 눈여겨봐야 하는지 바로 알 수 있다.

마크다운이 익숙해지면 빠르게 메모를 정리할 수 있다. 떠오르는 생각을 메모하는 동시에 구조를 세울 수 있다. 나중에 고칠 것을 두려워하지 않고 마우스로 손을 뻗지도 않으면서 떠오르는 모든 것을 빠르게 쓸 수 있다.

종이로는 마크다운을 할 수 없을까?

마크다운으로 열심히 메모를 하다가 문득 '종이에 하는 메모에 마크다운 문법을 적용할 수는 없을까?'라는 의문이 들었다. 멍청한 생각이었다. 우리는 이미 마크다운 문법을 적용해서 메모를 하고 있었다. 외국에서는 다이어리에 '불렛 저널'Bullet Journal(할 일 관리, 일정 기록, 개인 메모를 간결한 기호나 리스트로 정리하는 방식)이나 '플래너' 방식을 많이 쓴다. 한국에서는 '다꾸'(다이어리 꾸미기)가 인기다. '다꾸'야말로 종이로 하는 마크다운과 비슷하다. 다양한 스티커를 붙여서 중요한 일정에 주목도를 높이고, 형광펜으로 밑줄을 그어 주고, 글자 크기로 중요도를 설정한다. 손글씨가 타이핑보다 더 많은 정보를 입력할 수는 없겠지만, 수작업이야말로 더욱 섬세하게 마크다운을 활용하는 방법이다. 물론 검색을 할 수 없고 통계로 활용할 수 없다는 단점이 있긴 하지만.

5
마인드 맵 메모법

생각에는 지도가 필요하다

MBTI를 잘 알지 못하지만 N 성향에 대한 설명을 듣고 "바로 접니다" 하고 소리를 지르고 싶었다. 돌발 상황이 발생하면 순식간에 다양한 경우의 수를 상상한다. 오랫동안 소설을 쓰다가 이렇게 된 것인지 어렸을 때부터 이런 성향이었는지는 잘 모르겠다. 거의 자동반사적으로 '이렇게 될 수도, 저렇게 될 수도, 아니면 그렇게 될 수도 있겠네'라는 생각이 떠오른다. N은 경험한 것보다 아직 일어나지 않은 일을 자주 생각하는 타입이라고 하니 소설 쓰기 딱 좋은 사람이다. 마인드맵을 좋아하는 것도 N 스타일이라 그런지도 모르겠다. 머릿속 생각의 갈래를 마인드맵으로 정리하다 보면 정신이 맑아지기도 한다.

'마인드맵'의 개념은 영국의 기억력 전문가 토니 부잔이 만든 것이다. 노트에 적을 수도 있지만 계속 발전시키고 수정하려면 컴퓨터로 하는 게 편하다. 심플마인드Simple Mind, 마인드노드MindNode 같은 프로그램이 유명하다.

그동안 출간한 책을
심플마인드로 그려 보았다

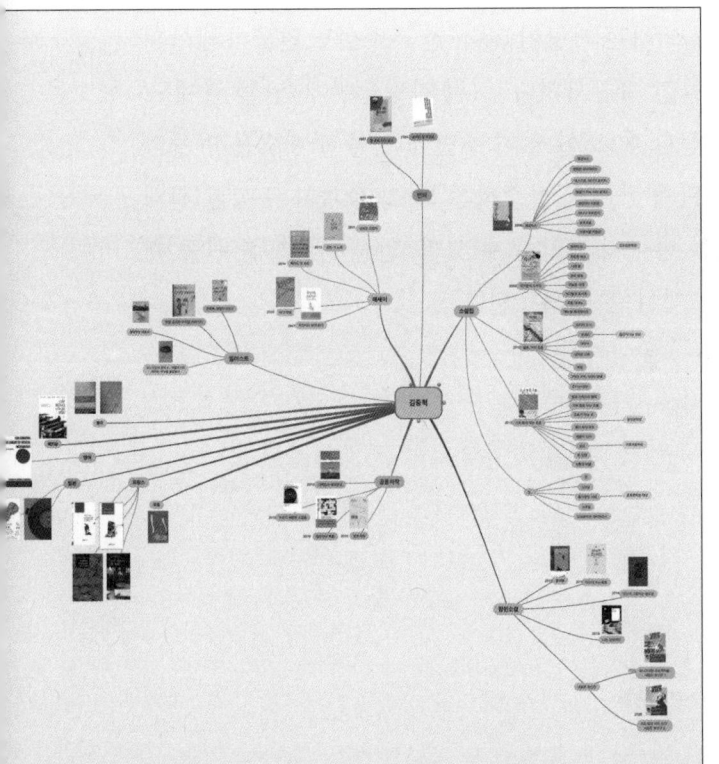

말을 할 때는 흐름이 중요하다

강의를 준비하거나 사람들 앞에서 말을 해야 할 때도 마인드맵이 요긴하게 쓰인다. 강연 원고를 쓸 때 마인드맵을 활용하면 이야기의 흐름이 한눈에 들어와서 어떤 부분을 추가하면 좋을지, 어떤 대목이 불필요한지 직관적으로 확인할 수 있다.

인물 관계 파악에도 도움이 된다

외국 소설을 읽을 때 등장인물들의 생소한 이름을 외우기 힘들어하는 사람이 많다. 한국 소설도 인물이 많아지면 힘들긴 마찬가지다. 그런 사람들에게 '인물 관계도'를 추천한다. 소설 읽기 초반에 인물 관계도를 만들다 보면 관계에 더욱 집중하게 되고, 작가가 구상한 전체 관계를 한눈에 파악할 수 있다. 인물 관계도를 만들 때 마인드맵이 큰 도움이 된다.

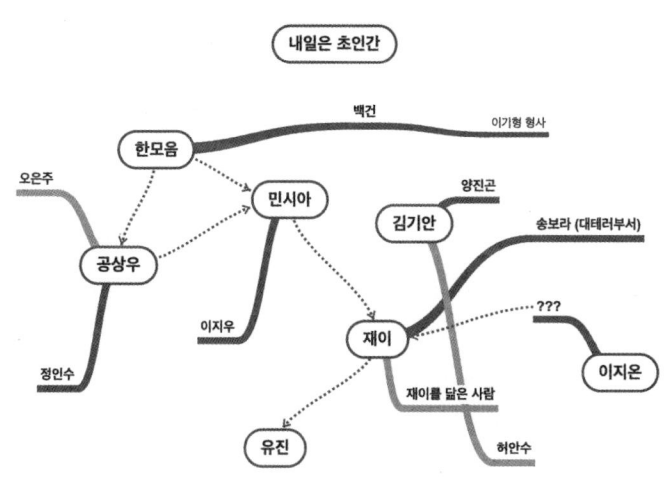

소설 『내일은 초인간』을 쓸 때 만들었던 마인드맵

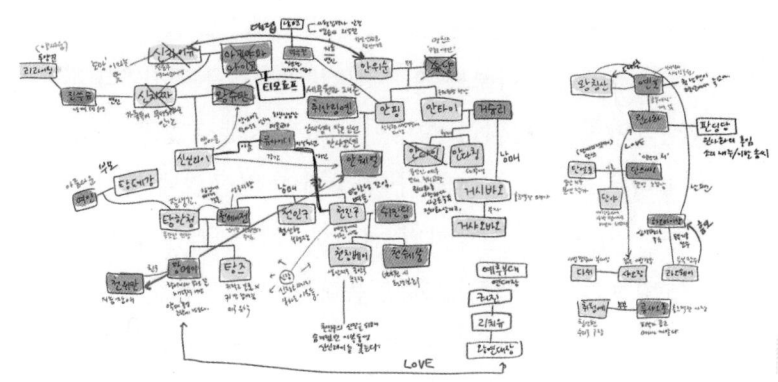

소설 『뭇 산들의 꼭대기』를 읽으며 그린 인물 관계도

6

사진으로 메모하기

무조건 찍는다

내 사진 보관함에는 43,652장의 사진과 11,741개의 영상이 들어 있다. 2000년부터 찍은 25년 동안의 사진이 들어 있는데 많은 편인지 적은 편인지 모르겠다. 가끔 보관함을 들여다보면 '이런 사진은 왜 찍은 걸까?'라는 생각이 들 때가 많다. 수평이나 초점도 맞지 않고, 공들여 찍은 느낌이 전혀 없다. 일상에 작은 균열이 생기면, 뜻밖의 순간이 발생하면, 곧바로 사진을 찍는다. 작품을 찍는다는 생각도 없고, 아름다운 순간을 남긴다는 의식도 크지 않다. 가끔 무척 아름다운 풍경을 만나면

'이렇게 아름다운 순간은 사진으로 남겨 둬야지'라는 마음을 먹지만, 제대로 담기진 않는다는 걸 알고 있다. 눈에다 열심히 담고, 사진은 기억을 위한 보조장치로 사용한다.

사진은 찍을 때보다 나중에 다시 볼 때 더욱 빛난다. 찍는 순간에는 기록을 위해서 간단하게 저장하지만 나중에 맥락이 완성되기도 한다. 한 달 동안 찍은 사진을 일렬로 늘어놓으면 삶의 방향이나 현재의 상태가 보인다. 꽃 사진만 계속 찍은 주간도 있고, 낯선 사람들의 모습이 많은 주간도 있다. 때로는 예전에 찍은 사진을 보다가 새로운 요소를 발견할 때도 있다. 수년 전 모임에서 찍은 사진에서 '지금은 알고 지내는, 그때는 몰랐던' 인물을 발견할 때가 있다. "그때 이 자리에 있었구나." 새삼스럽게 다시 인사를 할 때도 있다. 미래의 나를 위해 사진을 찍고 있다는 생각도 든다. '나중에 이 사진을 보면서 이야기를 나눌 때가 올 거야.' '지금은 내가 왜 이렇게 열심히 사진을 찍는지 모르겠지? 나중에 나한테 고마워할 날이 올 거야.'

'사진 찍을 때 조금만 차분했으면 좋았을 텐데······. 사진이 죄다 흔들렸잖아'라고 말하고 싶은 마음이 굴뚝 같지만 그러지 않기로 했다. 찍은 게 어디냐. 나는 과거의 나에게 고마워하고 있다.

7

영상으로 매일 1초씩 메모하기

나는 나와 나를 회의한다

밤 10시가 되면 회의가 열린다. 다양한 '나'가 참여한다. 소설가 김중혁, 에세이스트 김중혁, 백수 김중혁, 강연 전문가 김중혁, 카투니스트 김중혁이 모여서 회의를 한다. 안건은 늘 똑같다. '오늘의 1초'다. 오늘 찍은 영상을 한자리에 모은다. 하늘 영상, 봄꽃 영상, 아파트 단지에서 발견한 오색딱따구리 영상, 저녁 메뉴인 파스타를 찍은 영상, 모임이 끝나고 돌아가는 사람들의 뒷모습 등을 검토하면서 어떤 장면을 오늘의 1초로 정할지 회의한다.

강연 전문가 김중혁 : 요즘 꽃 사진이 왜 이렇게 많은 겁니까?

백수 김중혁 : 봄이 얼마나 예쁜 줄 알아요? 바쁘게 다니시니까 그런 것도 못 보잖아요. 제가 대신 찍어 드리는 겁니다.

에세이스트 김중혁 : 이야기가 되려면 새로운 꽃이 있어야 하는데 어제와 똑같은 풍경이네요.

카투니스트 김중혁 : 야, 잘 좀 찍어라. 내가 그리는 게 낫겠다.

소설가 김중혁 : 빨리 1초나 고릅시다. 나 마감하러 가야 해.

에세이스트 김중혁 : 또 마감 지났지? 나처럼 미리미리 준비하라니까.

소설가 김중혁 : 누군 일부러 마감 어깁니까? 소설은 에세이하고 완전히 다르다니까. 마음대로 안 되는 게 소설입니다.

에세이스트 김중혁 : 아, 예, 어련하시려고요. 똑같이 글 쓰는 입장인데 자기만 특별하다고 그러는 건 좀 웃깁니다. 아시죠?

카투니스트 김중혁 : 야, 에세이, 말 조심해. 그래도 우리가 이렇게 회의하고 있는 게 전부 다 소설 덕분이잖아.

에세이스트 김중혁 : 그게 왜 전부 소설 덕분이야. 나도 열심히 썼어.

백수 김중혁 : 집안 꼴 잘 돌아간다.

소설가 김중혁 : 아, 됐고, 이거 좋네요. 사람들 뒷모습, 이걸로 합시다.

카투니스트 김중혁 : 나도 찬성. 그런데 사람들 점점 멀어지잖아요. 완전히 멀어졌을 때 1초가 좋아.

백수 김중혁 : 그러면 사람들 뒷모습 같지가 않아. 시작 부분 1초로 해야 나중에 누군지 알아보기 쉽지.

에세이스트 김중혁 : 뒷모습 보고 나중에 알아볼 수 있어?

백수 김중혁 : 당연히 알아보지. 에세이 쓰는 사람이 그렇게 관찰력이 없어서 어떻게 해?

에세이스트 김중혁 : 집에서 놀고 먹더니 이 자식이 비아냥거리는 실력만 늘었네?

강연 전문가 김중혁 : 내일 강의 준비해야 하니까 멀어지는 장면 한가운데 1초로 합시다. 전부 오케이?

백수, 에세이스트, 소설가, 카투니스트 : 오케이.

매일 이런 회의를 거쳐 1초가 선택된다. 1초는 짧은 시간이지만 무척 긴 시간이기도 하다. 1초에 담을 수 있는 정보는 많지 않지만 일상의 짧은 틈을 드러내기엔 충분하다. 2012년부터 시작한 '1초 영상 프로젝트'는 지금도 계속하고 있다.

시간이 늘어나는 마법

예전에 만들어 놓은 '1초 영상'을 볼 때가 있다. 1초씩 영상이 바뀌는 숨가쁜 영상이지만 신기하게 천천히 시간이 흘러가는 느낌이 든다. 영상을 찍을 때의 날씨, 1초 전후로 있던 영상, 함께 있던 사람들의 반응 같은 게 여전히 생생하다. 1초를 찍기 위해 카메라를 재빠르게 꺼내 들었기 때문이고, 1초를 고르기 위해 치열하게 회의를 했기 때문이다. 영상의 1초는 내게 훨씬 긴 시간이고, 천천히 흐르는 시간이다.

기록의 핵심은 '시간을 확장시키는 마법'이다. 기록하는 순간 우리는 더욱 예민해지고, 섬세해지고, 집요해진다. 무심코 흘려보내는 1초가 아니라 반드시 기억하기 위해 노력하는 1초가 된다. 하루의 모든 1초를 그렇게 보낼 수는 없다. 매시간 매분 매초에 집중하다가는 일상을 살아갈 수 없을 것이다. 하루에 딱 몇 초, 몇 분만이라도 기록하는 시간을 확보한다면, 우리는 시간을 더 유용하게 쓸 수 있을 것이다.

8

일어서서 벽에다 메모하기

화이트보드에 메모하기

소설의 시작은 언제나 화이트보드였다. 커다랗게 임시 제목을 붙이고 한가운데 주인공 이름을 써넣으면 이야기가 시작됐다. 주인공에게 생명을 불어넣는 의식 같은 것이었다. 소설에 새로운 인물이 등장할 때마다 화이트보드에 이름을 써넣었고, 주인공과의 관계가 바뀌면 위치를 옮겨 다시 썼다. 보이지 않던 것들이 눈에 보이기 시작하면 새로운 생명을 얻는다는 게 신기했다. 커다란 화이트보드는 작업실 한가운데서 큰 자리를 차지하며 소설 쓰는 내내 함께했다.

화이트보드는 거기 있다는 것만으로 엄청난 존재감을 내뿜는다. 수첩이나 노트와는 사이즈가 다르다. 내가 애써 펼치지 않아도 화이트보드는 늘 나를 압박한다. '뭐 해, 빨리 이 세계로 들어와야지.' 범인을 쫓는 형사들이나 거대한 한탕을 계획하는 범죄자들이 왜 화이트보드에 자료를 붙여 두는지 알겠다. 화이트보드에 하나씩 새로운 걸 추가하는 순간 그 세계는 현실과 점점 비슷해지고 나를 압박하기 시작한다.

칠판에 메모하기

칠판을 보면 수학자가 떠오른다. 영화와 드라마의 영향 때문일 것이다. 칠판을 골똘하게 바라보다가 손가락으로 슥슥 몇 개의 숫자를 지우고 새로운 숫자를 써 나가는 모습. 칠판은 아무리 깨끗하게 지워도 흔적이 남는 것 같다. 아주 얇은 레이어들이 겹겹이 쌓이면서 현재에 이른 느낌이 들고, 한 꺼풀씩 벗기면 아주 오래전에 썼던 공식도 다시 발견할 수 있을 것 같다.

진짜 이런 기능이 있으면 좋겠다. 전자 칠판 말고 예전의 칠판과 똑같은 형태인데, 지울 때마다 저장이 되고 다시 예전으로 돌아갈 수 있는 칠판이 있으면 좋겠다. 아니다, 그런 칠판은 없었으면 좋겠다. 지운 것들은 그냥 약간의 흔적만 남고 사라졌으면 좋겠다.

칠판에 분필로 쓰는 기분이 좋아서 화이트보드 뒷면에 칠판 시트지를 붙였다. '하고로모' 분필은 아주 부드럽게 써져서 계속 뭔가 쓰고 싶어진다. 분필은 부서지면서 흔적을 남긴다. 부서지는 양이 적어서 쓸 때는 잘 모르지만, 열심히 뭔가를 적고 나면 분필의 키가 줄어 있다. 거대한 칠판을 만들어서 거기에다 소설을 쓰면 좋겠다. 장편소설까지는 무리겠지만 단편소설 한 편을 칠판에 온전히 쓸 수 있으면 좋겠다. 칠판 하나가 한 페이지를 담당한다. 단편소설 한 편은 원고지 80매쯤 되니까 칠판 80여 개를 옆으로 줄줄이 늘어놓는다. 옆으로 소설을 써 나가다가 고치고 싶은 대목이 있으면 앞쪽의 칠판으로 돌아가서 슥삭슥삭 지우고, 다시 쓴다. 아주 밀리서 80개의 칠판을 바라보고 싶다. 사진 한 장 찍어 두고, 다시 칠판 앞으로 가서 모든 글자를 다 지우고 다시 소설을 쓰고 싶다.

9

목적에 따라 방식을 바꿔 메모하기

사람들 앞에 서야 할 때

소설가가 되고 나서 처음으로 했던 강의를 지금도 기억하고 있다. 영화 『인터스텔라』의 '밀러 행성'에서의 경험처럼 시간이 느리게 흘렀고, 강의가 끝났을 때는 한 5년은 늙은 기분이 들었다. 준비한 이야기가 있었고, 어떻게 이야기를 하면 좋을지에 대한 계획이 있었다. 마이크 타이슨의 유명한 명언이 떠올랐다. "누구나 계획은 있다. 얼굴에 한 대 맞기 전까지는." 사람들 앞에 서서 이야기를 하기 전까지는 계획이 있었지만 당황하는 순간 모든 게 날아가 버렸다. 한 시간이 주어졌고, 나는 머리에 떠오르는 모든 이야기를 쥐어짜며 이야기를 했지만 겨우 30분이 흐른 상태였다. 하필이면 계단식 강의실이었고(계단식 강의실에서는 관객들이 엄청나게 위압적으로 다가올 때가 있다) 하필이면 강의실 벽에 커다란 벽시계가 걸려 있었다. 시계가 내게 말을 걸었다. "나는 아주 천천히 흐를 거니까 각오해. 나는 아주 처어언처어어언히 흐으으을러가아아알……" 그때부터 식은땀이 나기 시작했다.

지금도 강의는 어렵다. 혼자서 한 시간 동안 말을 한다는 건 생각보다 쉬운 일이 아니다. 요즘 학교에서는 수업 시간에 혼자 발표를 하거나 자기 생각을 말하는 기회가 자주 있지만, 내가 학교에 다닐 때는 그런 기회가 전혀 없었다. 선생님이 말하고 학생들은 듣기만 했다. 대학 다닐 때도 그랬다. 요즘엔 조별 과제란 게 있고 돌아가면서 발표를 한다던데 나는 그런 기억이 전혀 없다. (혹시 나 빼고 조별 발표를 했나?) 생애 첫 강의를 마치고 난 다음에 두 가지 마음을 먹었던 기억이 난다. 첫째, 누군가를 가르치는 직업은 갖지 말자. 둘째, 지금부터라도 사람들 앞에서 말하는 걸 연습하자.

인생은 알 수 없어서 사람들 앞에서 말하는 걸 두려

워하던 사람이 방송에 자주 출연하게 됐다. 방송은 오히려 편했다. 스태프가 여러 명 앉아 있고 출연자들과 이야기를 나누는 게 마냥 편했다. 준비한 대본에 없는 이야기도 즉석에서 생각이 날 만큼 자연스러웠다. 혼자 말할 때와 사람들과 함께 말할 때의 차이였다. 그때부터 강의를 하게 되면 사람들에게 최대한 말을 많이 시켰다. 의견을 듣고 대화를 나누는 건 혼자 말하는 것보다 재미있다. 강의와 방송의 차이를 알게 되면서 나만의 메모법을 발전시켰다. 혼자서 계속 말해야 하는 강의, 사람들의 반응을 보면서 대화를 나눠야 하는 방송에서의 메모법은 전혀 다르다.

강의를 준비하는 메모

여기서 말하는 강의는 일회용 이벤트로서의 강의다. 교사나 대학교수처럼 같은 학생들을 여러 번 만나고 같은 내용을 여러 해 동안 반복하는 사람들은 메모법이 전혀 다를 것이다. 일회용 강의의 가장 큰 특징은 '단 한 번 만나는 사람들에게 내 이야기를 전해야 한다는 것'이다.

단 한 번 만나는 사람들이기 때문에 내 이야기 중에

서 가장 매력적인 부분을 끄집어내야 한다. 다음에 또 볼 사람들이라면 드라마처럼 여지를 남겨 둘 필요도 있다. 다음에 더 재미있을 것 같은 기대를 주는 것도 좋다. 일회용 강의는 딱 한 번의 승부로 끝내야 한다.

한 번 보고 말 사람들이기 때문에 현장의 흐름을 알아차리는 것도 중요하다. 어떤 성향의 사람들인지, 나이대는 어떤지, 사람들의 피곤도는 어떤지 파악해야 한다. 자료화면을 보는 게 좋을지 말로 집중시키는 게 좋을지, 관객이 참여하는 프로그램으로 진행할지 그냥 가만히 앉아 듣는 쪽으로 진행할지 선택해야 한다.

강의 메모는 다양한 옵션을 만들어 두는 게 좋다. 강의에 익숙한 사람이라면 이런저런 이야기를 즉석에서 만들어 낼 수도 있겠지만, 무대가 힘겨운 사람이라면 종이나 핸드폰이나 태블릿에다 큼지막하게 주제를 적어 두는 게 도움이 된다. 말문이 막히면 적어 온 내용을 본다. 무대에 익숙하지 않은 사람이라면 잠깐 동안의 그 시간이 엄청나게 길게 느껴질 것이다.

'내가 당황했다는 걸 사람들이 눈치채지 않을까?'
'빨리 다음 말을 해야 하는데, 도무지 안 떠올라.'

'재미없어서 다들 집에 가고 싶겠는데.'
'이렇게 오래 말이 없으면 바보인 줄 알 텐데.'

이런 생각이 들 수 있지만, 시간은 생각보다 천천히 흐르고 사람들은 예상외로 느긋하다. 준비한 메모를 천천히 확인하고, '음, 그리고 제가 또 준비해 온 이야기는……'이라고 말하면 준비를 철저히 해 온 사람처럼 보일 수도 있다.

수원강의 _ 무엇이든 쓰게 된다.

천천히, 여유 있게, 호흡....

137억 년,
우주의 나이.

46억 년,
지구의 나이.

80키 중의 생물이 1평만 중으로 할인고.
지구는 23가게수, 개적 열.

태양까지,
수성, 금성, 지구, 화성, 목성, 토성, 천왕성, 해왕성.

은하수, 헬기웨이.

우주는 한 국 개의 은하,
우리 은하에는 약 몇 천 개의 별성.
그중 하나가 태양.

글쓰기의 시작

누구에게나 과장에서 골돌거리는 것이 있다. 그를 매분해지 못하면 답답하다.
자기만의 대화를 수 있고, 함막히 기름을 수 있다.

이런 이야기가 눈덩이 먹이 있는 사람, 어떤 문장들이, 이야기가 눈덩이 먹이 있는 사람. 그는 보고 다른 그를 쓰나가는 과장에서 많은 된 느낌이 되고 행복해진다.

준비물 (펜, 종이, 도구들)

- 도구를 사랑하는 마음이 글쓰기에도 중요하다.
- 스타트를 시작하는 사람이, 그 도구에 대해서 알아보고, 매우 자랑스러워 된다.

- 글쓰기의 비법, 책에서 쓴 것에서 업그레이드된 생각들을 이야기하겠다.

우선 펜이 필요하다.

- 네가 오늘 자주 쓰고 있는 만년필.

노트는 하대만 좋은 것을 사라고 한다. 시간이 나 때마다 노트를 사었다.
- 어쩐 이유로 노트 필기를 자기도 하고, 공을 쓰기도 하고, 아이디어도 정리해본다.

도구도 무척 중요하다.

- 노트북이나, 좋은 컴퓨터가 있으면 좋겠지만, 글쓰기는 기본적으로 노트와 펜으로 하는 것.

키스 자렛 에피소드

공간을 만드는 것도 중요한 일.
자신만의 이야기를 엮어고, 늘 편안한 마음이 드는 곳을 만들어야 한다.

바다 건너 저쪽
(고미 타로)

- 케이밍이 쓰고 싶은 글이라면 무엇이든지, 명일 매력이 써도 좋다. 단, 진실만을 말해야 한다. - 스티븐 킹

뭐든지 써도 좋다. 스스로 검열하지 말아라.

쓰다 보면 예상치 못한 글이 나오므로 미리 속단하지 말아라.

- 글쓰기가 힘들 때만 나는 내 자신을 격려하기 위해 내 책을 읽는다. 그러면 글쓰기는 언제나 어려웠고 가끔은 거의 불가능하다는 것을 기억하게 된다.
- 헤네스트 헤밍웨이

글쓰기는 언제나 막막하다. 선배들도, 그랬다면 위로가 된다. 헤밍웨이가 그랬다면.

- 용기가 없으면 대충을 위해 글을 쓸 수 없다.
- 차이나

대충을 위해 글을 쓰는 것과 그렇지 않은 것의 차이.

무엇이기 정말고 싶기 때문에 글을 쓰는 것이 나는 웰빙 것이 생각가기 때문에 쓴다.
- 스티 피츠제럴드.

비슷한 말 같지만 무척 다르다.
말하고 싶은 것과 말할 게 생겼다는 것.

하나는 의도, 하나는 이야기. 모든 것은 구체적인 이야기로 시작하는 게 좋다.

우리는 글을 통해 우리가 더 좋은 사람이 되게 할 수 있다. 더 현명하거나 더 세련된 사람이 될 수도 있다. - 글을 쓴다는 것은 '매초식 강동'을 포함하는 것이 아니라 명기를 하려를 이야기하는 것이다.

- 스티븐 킹의 말에 반대하는 게 아니라 덧붙이는 것.

발명품에 대한 아이디어

손을 익히.
누구에게나 그걸 따라갈은 게 필요하다. 스트리칭 한다거나.
특정한 음악을 틀어야 한다거나.

스포츠 선수처럼, 일종의 루틴이 필요하다. 창의적인 일 같지만 굉장히 반복적인 일이다.

기장히 읽으면서 이야기를 해야 하게기.
경기 전문 정신.

글쓰기에 꼭 필요한 것은?

자, 이번에는 이렇게 의미를 연결시키고, 흐름 주는 방식

R.A.T. 테스트
1960년대 사노프 메드닉

"창의성은 매머디로운 작동하는 연상 기억이다."

세 개의 단어 제시

앞 그림은 오래전에 강의를 준비하면서 했던 메모인데, '천천히, 여유 있게, 호흡……'이라고 적어 놓은 게 무척 간절해 보인다. 긴장하면 시야가 좁아지기 때문에 몇 가지 주제를 큼지막하게 써 놓았다. 실제로 큰 도움이 됐다. 지금도 핸드폰에다 몇 가지 주제를 적어 놓는다. 생각보다 너무 빨리 강의가 끝났거나 질의 응답 시간에 아무도 질문하지 않을 때, 핸드폰을 열고 그때그때 상황과 어울리는 주제를 고른다.

방송을 준비하는 메모

영화평론가 이동진 씨와 프로그램 두 개를 함께했다. 책을 주제로 이야기하는 『이동진의 빨간책방』(이하 『빨간책방』)과 영화를 주제로 이야기하는 『영화당』이다. 다른 방송은 방송작가가 대본을 써 주지만 『빨간책방』과 『영화당』에는 대본이 없다. 각자 책, 영화를 보고 한가득 메모를 해 온 다음 현장에서 합을 맞춰 가며 이야기를 주고받았다. 프로그램의 큰 틀이 있긴 하지만 이동진 씨가 어떤 이야기를 꺼낼지 알 수 없고, 내가 어떤 이야기를 하게 될지도 몰랐다. 방송 초기에는 꼼꼼하게 준비를 하느라 시간을 많이 들였다.

다운사이징

알렉산더 페인 감독 2017 (디센던트, 사이드웨이, 어바웃 슈미트, 폴 사프라넥 (맷 데이먼) 두산 미르코비치 (크리스토프 왈츠) 녹 란 트란 (홍 차우) 오드리 사프라넥 (크리스틴 위그) 제프 (닐 패트릭 해리스) 데이브 존슨 (제이슨 서디키스) 로라 (로라 던) 닥터 요르겐 (롤프 라스가드)

- 어떻게 살아갈 것인가. 외부인과 우리의 모습들. 차별과 소외의 말들.
  - 부를 원해서 사람들은 다운사이징 수술을 받았지만, 여전히 존재하는 차별적 세계.
    - 빈부의 격차는 스몰월드에도 존재한다.
    - 모든 커뮤니티에 존재하는 삶의 법칙 같은 것.
  - 크기의 차이로 주는 재미
    - 예고편에서 커다란 보드카 병.
    - 수술 직후 실제 크기 크래커. 실제 크기 장미.

- 교회에서 실제 크기 탬버린으로 연주하기.

맷 데이먼은 이렇게 자급자족 생활에 대한 영화에 최고의 캐스팅인 모양이다. 혼자 잘 살아갈 것 같은 스타일. 외롭게.
홀의 엄마, 화성에도 가는데 왜 내 병은 못 고쳐. (화성 갔다온 아들)

- 오프닝.
  - 실험실의 쥐들. 쥐에 주사하고 실험실의 모습. 배경음악은 클래식. 굉장히 우아하게 실험을 진행한다. 놀라는 박사의 모습. 성공했다고 좋아하는 두 사람. 그리고 5년후.
  - 인구 과잉이 중요한 인류의 문제가 될 것이다 라는 출발점. 모든 유기체를 세포 수준으로 축소. 2744분의 1로 축소. 180센티미터를 12.9센티미터로 줄이는 기술.
  - 36명의 자원자들이 인류 최초의 세포 축소 수술. 36명이 4년간 배출한 쓰레기는 봉투 하나 정도다.

- 쓰레기 문제에 대한 해법이기도 하다.

- 소인 마을 사람들이 들어왔을 때. 대단한 충격이었을 것 같다. 현실에서는.

- 전세계의 반응을 보여줄 때 한국 장면이 바로 등장한다. (아마도 테크쪽에서는 한국만한 데가 없으니까)
  시장의 모습. 한국 같다. 블랙 팬서의 그 아주머니 패션을 다시 한번 볼 수 있다. 앞치마 두르고 모자 쓴 상인 모습.

- 다시 10년 후, 무려 15년 동안 이어지는 이야기.

- 경제적으로 힘든 사람이 기댈 수 있는 유일한 해결책.
  - 리셋하고 싶다면 이게 답일 수도...

사회적인 문제를 어떻게 해결할 것인가에 대한 극단적인 질문들.

레저랜드 들어올 때. 칙 투 칙. 아임 인 헤븐... 이라는 가사가 흘러온다.
>>> 여기가 헤븐이라는 것이지.

고객을 유혹할 때도 경제적인 면만 부각시킨다. 다들 얼마나 살기 힘든 것인가.

부부를 보면서 걱정하게 된다. 가는 게 괜찮을까? 라는 걱정. 잘 살았으면 좋겠다라는 기대. 우리 모두 부부의 삶과 별반 다르지 않으니까.

술 취한 사람의 시비. 예상 가능한 질문들이다.
- 똑같은 권리를 누려도 되는가? 경제에 기여하는 바 없이 누리기만 하고 세금도 내지 않는다.
  (이방인들, 난민들에 대한 기존 시민들의 태도에 대한 코멘트)

4단 구성으로 메모를 만들고 색깔로 분류했다. 빨간색은 꼭 말하고 싶은 영화의 핵심, 초록색은 영화에 대한 나만의 질문, 파란색은 분위기를 바꿀 수 있는 유머러스한 생각. 태블릿에다 이걸 띄워 놓고 방송을 했다. 이동진 씨가 이야기를 하는 동안 거기에 맞는 메모

를 확인했다. 카메라로 촬영하고 있으니 대놓고 들여다볼 수는 없다. 말하는 이동진 씨와 눈도 맞춰 가면서 태블릿을 확인하려면 글씨가 커야 한다.

    현장에서도 메모가 도움이 됐지만 메모를 만들면서 새로운 사실을 알아 가는 게 좋았다. 메모를 쓰다 보면 몰랐던 사실을 알게 되기도 하고, 생각이 조금 깊어지기도 한다. 특히 유머러스한 내용을 준비하는 과정에서는 어떻게 하면 유머를 잘 살릴 수 있을지 고민하게 되는데, 누군가를 웃기기 위해 많은 시간을 들인다는 것은 알고 보니 무척 행복한 일이었다. 나중에는 4단 구성 메모를 하지 않게 됐다. 익숙해지면서 4단까지는 필요가 없어졌고, 간략하게 키워드만 적어 놓아도 방송을 하는 데 무리가 없었다. 대신 배우의 이름이나 지명, 고유명사는 한 번씩 적으면서 외웠다.

방송에서 진짜 대화를 하는 방법

『빨간책방』과 『영화당』은 유별난 경우였다. 이동진 씨가 영화와 책 전문가라서 어떤 질문을 던져도 대화가 막히지는 않았고, 나 역시 준비를 열심히 했기 때문에 특별히 당황하는 경우는 없었다. 다른 방송에서는 이런 상황을 기대하기 어렵다. 대부분은 각자 역할이 정해져 있고, 액션과 리액션을 미리 정해 놓는 대본이 많아서 상대적으로 자유도가 적을 수밖에 없다. 그 와중에도 꼭 하고 싶은 말은 반드시 수첩에 메모해 놓고 현장에서 이야기를 꺼내는데, KBS에서 방송했던 『대화의 희열』에서 그런 경우가 많았다. 대본에 없는 이야기를 할 때 출연자들의 눈이 더욱 빛난다. 촬영이 진행되는 동안 각자 적어 뒀던 메모를 바탕으로 이야기를 시작할 때 흥미로운 대화가 펼쳐진다.

명사들의 책장을 소개하던 프로그램 『북유럽』에서도 마찬가지였다. 정해진 대본대로 촬영이 진행되면 메모는 의미가 없어진다. 서로의 이야기를 들으면서 각자의 머릿속에 메모를 남기고, 그 메모를 후반부에 끄집어내는 순간 방송은 풍성해진다. 함께했던 송은이, 김숙, 유세윤 씨는 순발력이 뛰어나면서도 남의 이야기를 열심히 듣는 사람이다. 남을 웃기려면 이야기를 들어야 하고, 그걸 비틀어야 한다. 그것도 일종의 메모라고 할 수 있다. 메모 장인들과 함께한 방송은 늘 행복했다.

10

지도에 메모하기

세계 지도를 벽에 붙여 두고 여행 다녀온 지역에 포스트잇을 붙인 적이 있다. 지도를 보는 것만으로 여행의 추억이 떠올랐다. 가 보지 못한 나라가 더 많았고, 포스트잇이 붙어 있지 않은 나라들을 보면서 여행에 대한 꿈을 꿀 수 있었다. 해외여행은 마음처럼 쉽지 않아서 한참 동안 비행기를 타지 못했고, 세계 지도가 붙어 있던 벽에는 영화 포스터가 붙었다가 좋아하는 그림이 붙었다가 이제는 시계가 걸려 있다. 요즘엔 지도 애플리케이션에다 메모를 하고 있다. 수많은 장소들을 다양한 카테고리로 저장해 두었다.

⊕ 맛집일까?
⊕ 맛집!
⊕ 레전드 맛집
⊕ 강의 장소
⊕ 카페
⊕ 로스터리 카페
⊕ 식물원
⊕ 임시 저장
⊕ 중국음식(키짬아)
⊕ 빵집
⊕ 강릉 2024
⊕ 고성 2025

'맛집일까?'에서 실력을 인정받으면 '맛집!'으로 상향 조정되고 '맛집!'에서 오랫동안 머물면 '레전드 맛집'이 된다. 카페와 로스터리 카페는 엄격하게 구분하고, 중국음식 전문 유튜버 '키다리 짬뽕 아저씨'의 추천 식당이 좋아서 모두 저장해 두었다. 전국 어느 지역을 가더라도 키다리 짬뽕 아저씨의 추천 식당이 하나쯤은 있게 마련이다. 2024년 강릉에 다녀온 흔적을 하나의 카테고리로 모아 둔 것처럼 한 번의 여행을 하나의 카테고리로 묶을 수 있다.

벽에 붙여 두었던 세계 지도처럼 오며 가며 볼 수는 없지만 시간이 날 때마다 지도 앱을 들여다보는 취미가 생겼다. 지도에 표시된 별 중에는 내가 다녀온 곳도 있고, 가고 싶어서 표시해 둔 곳도 많다. 나의 과거와 미래가 공존하는 지도인 셈이다. 지도를 들여다보면서 생각보다 한국이 참 넓다는 생각도 한다.

지역 도서관이나 서점이나 관공서에서 강의 요청을 받으면, 가려고 노력한다. 혼자 글 쓰는 일을 하다 보면 사람이 그리울 때가 있고, 사람들과 함께 이야기를 나누면 외로움이 해소될 때가 있다. 살아가는 이야기도 나누고, 소설 이야기도 하다 보면 상상 속에 있던 '독자'라는 개념이 눈에 보이는 것 같기도 하다. 그리고 무엇보다 지도를 볼 일이 생기는 게 좋다. 지도 앱을 켠 다음 강의 장소 근처에 있는 맛집과 카페를 검색한다. 핀치 줌을 이용해 조금씩 지역을 넓혀 가면서 가게들을 살피는 게 재미있다. 머릿속으로 동네를 상상한다. 여행을 떠나기 전까지 시간이 날 때마다 지도를 보고, 마음속으로 미리 여행을 떠난다.

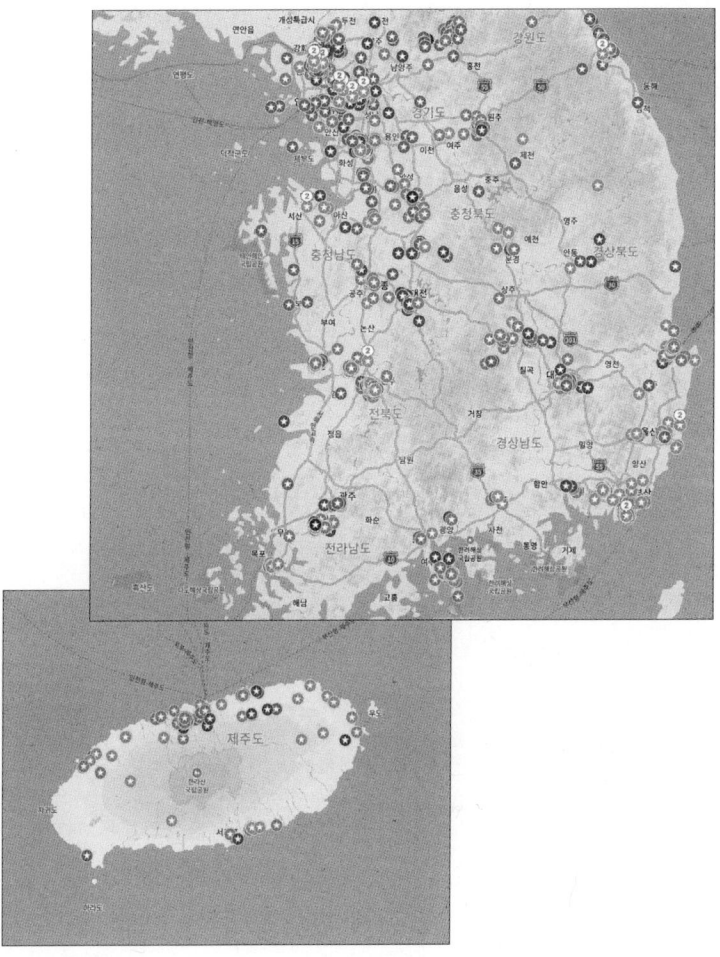

지역 강의를 하기 위해 기차를 타고 여행을 떠나면 메모할 일이 많아진다. 기차 밖으로 흘러가는 풍경을 보면서, 시시각각 변화하는 날씨를 보면서 생각의 페이지는 재빠르게 넘어간다. 샤워할 때, 산책할 때도 좋은 생각이 자주 떠오르지만 메모를 하기 힘든 환경이다. (어쩌면 메모하기 힘든 환경이어서 좋은 생각이 자주 떠오르는 것인지도 모른다.) 기차로 이동할 때는 메모하기에 최고의 환경을 만들 수 있다. (입석인 경우를 제외한다면) 느긋하게 창밖을 내다보면서 머릿속에 좋은 생각이 들이닥치길 기다렸다가 순식간에 낚아채면 된다. 얼마나 많은 생각들이 기차에서 떠올랐는지 모른다. 얼마나 많은 문장을 기차에서 완성했는지 모른다. 소설이 꽉 막혀서 답답할 때면 일부러 기차를 탈 때도 있다.

메모를 작성한 곳의 위치를 저장해 두는 것도 재미있다. 많은 메모 앱에는 위치를 자동으로 저장할 수 있는 기능이 있다. 장소와 메모의 상관관계 같은 걸 발견할 수 있을지도 모른다.

나중에 거대한 지도를 벽에 붙여 두고 싶다. 전국 곳곳에서 찍은 사진을 지도에 붙여 두고, 전국 곳곳에서 작성한 메모를 지도에 붙여 둘 것이다. 단순한 지도가 아니라 생각의 뉴런처럼 보일 것이다. 기차를 타고 떠나는 메모 여행은 단순한 여행이 아니다. 기억의 회로망을 설계하고, 감정의 지도 위에 메모를 남기고, 생각의 뉴런을 탐사하는 탐험가가 되는 일이다.

I 메모의 경험들
: 나는 메모의 총합이다

II 메모의 도구들
: 쓰려고 다 써 봤다

III 메모의 방법들
: 추천하는 10가지 메모법

IV 메모하는 사람
: 메모는 내가 누구인지 알고 있다

1

메모하는 사람이 되기까지

고등학교 1학년의 메모

보관하고 있는 메모 중에서 고등학교 1학년 때의 수첩이 가장 오래된 것이다. 내 인생에서 가장 힘들었던 때다. 50년 넘게 살았지만 그때만큼 마음이 무너졌던 적이 없다. 그때의 막막함이 지금도 느껴진다. 자세한 이유를 설명하기엔 너무나 많은 얘기를 장황하게 늘어놓아야 하므로 생략. 아무튼 힘든 시기를 잘 이겨 냈다. 그때의 메모가 남아 있어 다행이다. 수첩 도입부에 「나룻배와 행인」을 필사해 놓았다. 한용운의 시를 좋아했던 것 같지는 않고, 초반부에 뭐라도 있으면 좋겠다 싶어서 써 놓았던 모양이다. 이어서 이해인, 이육사, 김남조 시인의 시가 줄줄이 이어지는 걸 보면 그냥 그 정도 길이의 작품이 필요했나 보다. 거기다 『태백산맥』을 써 놓을 수는 없으니까.

고등학교 1학년 수첩의 첫 페이지

오랜만에 꺼내서 본 수첩의 메모를 통해 여러 가지 새로운 사실을 알게 됐다. 스티비 원더를 좋아했고(지금도 좋아한다) 주다스 프리스트에 열광했고(지금은 아니다) 마돈나, 듀란듀란, 성룡의 브로마이드를 샀다. 들국화 2집 테이프를 1집보다 먼저 샀고, 앙드레 지드의 『좁은 문』을 읽었고(내용은 기억나지 않는다), 잡지 『월간 팝송』은 2,200원이었다. 어떤 내용은 까마득하고, 어떤 메모는 어제 일처럼 선명하다. 수십 년이 지났는데 그렇게 선명한 기억이 가능한가 싶겠지만, 나도 놀랄 정도로 선명하게 기억나는 일들이 있다. 어쩌면 그때로부터, 1986년으로부터 단 한 걸음밖에 걸어오지 않은 듯한 기분이 들기도 한다.

메모 때문이다. 기록하지 않았더라면 선명하지 않았을 것이다. 어떤 기억은 문자가 냉동고 역할을 한다. 친구들의 명단을 적는 항목에는 이런 문장이 적혀 있다. '급우는 평생의 친구, 기록을 남기자.' 그때 급우였던 친구 중에 지금도 만나고 있는 사람은 몇 명 없지만, '기록을 남기자'라는 말을 듣길 잘했다. 적어 놓은 이름을 읽는데 얼굴이 떠오르기도 한다. 대체 인간의 기억이란 뭘까? 고등학교 1학년 때 옆에 앉았던 친구의 얼굴을 떠올리려고 하면 도무지 막막하기만 한데 이름을 보는 순간 얼굴이 떠올랐다. 기록 덕분이다.

대학생의 메모

대학 시절은 내 인생에서 책을 가장 열심히 읽었던 시기다. 도서관에서 아르바이트를 하며 하루 한 권의 시집을 읽고, 하루 한 권의 소설을 읽었다. 반납된 책을 서가의 제자리에 꽂아 두는 일인데 할 일은 별로 없었다. 그 시절의 독서 목록이 고스란히 남아 있다. 발자크를 읽었던 날도 있고, 예이츠, 러시아 문학사, 문예학, 보들레르, 루카치, 김현, 김욱동, 김용옥, 헤세, 융, 샐린저, 셰익스피어 등을 읽었다. 당구도 열심히 쳤고 술도 많이 마셨다. 대체 그 많은 일을 어떻게 다 했던 거지? 이해가 되지 않는다.

다이어리 맨 앞에는 이런 문장을 적어 놓았다. '이미지를 대상으로 생각하지 말고, 그 이미지에서 특수한 실체를 찾으라. – 바슐라르' 음……. 솔직히 무슨 말인지 정확히 모르겠고, 왜 적어 두었는지도 모르겠다. 앞뒤 맥락이 생략되었으니 더욱 이해하기 힘들다. 이런 문장이 당시의 나에게는 엄청난 영감을 주었을 것이다. 그런 자극들이 계속되면서 작가가 되기로 마음먹었을 것이다.

가끔 지금의 나를 구성하는 게 다양한 문장이라는 생각을 한다. 짧은 문장, 긴 문장, 한 권의 책, 누군가에게 들었던 말, 내가 했던 말……. 그런 문장들이 이리저리 뒤얽히면서 '나'를 이루고 있다는 생각을 한다. 어떤 사람은 소리가 최소 단위일 수 있고, 어떤 사람은 영상, 어떤 사람은 색깔이 최소 단위일 수 있다. 나의 최소 단위는 문장이다. 노트나 다이어리에 적어 둔 짤막한 문장들은 어떤 방식으로든 변화하여 내 속에서 살아가고 있을 것이다.

프리랜서의 메모

나쁜 사람들은 어떤지 모르겠지만, 내 모든 다이어리에는 공통점이 하나 있다. 3월까지는 수많은 메모가 빼곡히 적혀 있지만, 4월부터는 마치 모든 의욕을 잃은 사람처럼 텅 빈 공간이 점점 많아진다. 끈기와 인내심이 늘 부족하다. 끈기가 부족한 사람들을 위한 다이어리가 필요하다. 굳이 12월까지 달력과 노트가 있을 필요가 없다. 6월까지만 있는 다이어리는 조금 자존심이 상하니까 9월 정도까지만 있어도 좋을 것 같다. 어차피 9월까지는 못 갈 테니 그 뒤에 다이어리가 없다는 사실도 모를 것이다. '음, 작년 다이어리보다 조금 더 얇아졌네?' 하면서 넘어가겠지.

프리랜서 시절에는 달랐다. 다이어리와 수첩이 늘 빼곡했다. 빈틈이 없다. 온갖 사람의 말로 가득하다. 잡지사와 신문사에서 일할 때 사람들을 많이 만나 인터뷰를 했다. 녹음기를 켜 놓고 가만히 듣고만 있는 건 어쩐지 어색하고, 노트북을 꺼내서 타이핑하는 건 좀 수선스러운 것 같아서 노트에 중요한 단어들을 받아 적었다. 기자들 사이에선 '좋은 인터뷰어가 되기 위해서 어떤 자질이 필요한가'라는 주제가 화제에 자주 올랐다. 말하는 상대의 눈을 보면서 적극적으로 공감하는 게 가장 좋은 태도란 건 알았지만, 몇 시간 동안 집중하는 건 쉽지 않았다. 인간의 눈을 바라보는 건 에너지가 많이 필요한 일이다. 메모라도 하면서 조금씩 눈을 피해야 체력이 유지된다. 인터뷰이의 말을 메모할 때면 요령이 필요하다. 다 받아 적는 건 불가능하니까 중요한 단어만 적어야 한다. 나중에 원본을 확인하기 위해서 녹음 시간을 같이 써 주는 게 좋다. 요즘엔 인터뷰 녹음 파일을 인공지능이 곧바로 텍스트로 변환해 주니까 굳이 받아 적을 필요가 없다.

종이 노트에 메모하면 좋은 이유를 생각해 내기 위해 종이 노트에 메모를 하고 있다

장편소설을 쓰는 소설가의 메모

2000년에 소설가로 데뷔하고 2006년에 첫 소설집 『펭귄뉴스』를 출간했다. 마음 한구석에는 길고 멋진 장편소설을 완성하고 싶다는 갈망이 가득했다. 장편은 어떻게 쓰는 것일까? 어떤 소설가는 장편소설을 쓰는 동안 치아가 몇 개나 빠졌다던데, 어떤 소설가는 장편소설을 끝내 완성하지 못하고 단편소설만 계속 발표했다고 하던데, 끝내는 게 가능하긴 한가? 고민이 깊어졌다. 주제를 고르는 것도 쉬운 일이 아니었다. 모든 이야기가 너무 작아 보였고, 하찮아 보였고, 장편소설의 글감으로 충분하지 않은 것 같았다. 몇 대에 걸친 수십, 수백 년 동안의 이야기를 쓰고 싶은 것은 아니지만 소박한 이야기는 피하고 싶었다. 그런데 소박한 이야기는 뭐지? 긴 시간을 다루면 커다란 이야기가 되는 걸까? 『율리시즈』는 고작 하루 동안의 이야기다.

평소에 좋아하던 좀비 이야기를 쓰기로 마음먹었다. 제목부터 정하고 싶어 수많은 제목 후보를 메모로 남겼다. 1943년에 개봉한 영화 제목 '나는 좀비와 함께 걸었다'가 좋아서 최종 후보에 올랐지만 결국 『좀비들』로 출간됐다. 그때 쓴 메모가 노트 두 권 분량인데 치열

발재글 해도 빠르기만 위험하다.

　　강철제거 → 재활용

　　　두미터 크레인
_____

Ramirez flash,
하미래안 플래시

영상에 비추거진 도시를
사라지게 한다.
　불빛만 남고, 도시는 사라진다.

ㅡ 건물 하나를 통채로 꿇어버리는 마술.
　→ 재건축을 위해서 (?)
_____

마술은, 결국 어떤 도구를, 새로운 도구를
기버복하내니 과건인,
　　예술인 거야.

단편소설 「크랴샤」를 쓸 때의 메모

장편소설 『좀비들』을 구상하면서
인물의 동선을 그려 본 메모

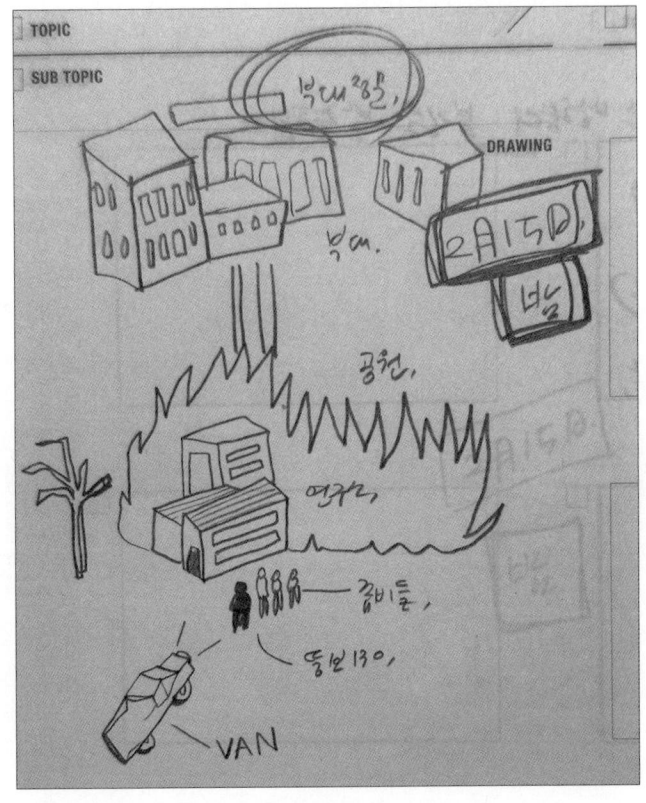

하게 고민한 흔적이 곳곳에 빼곡하다. 소설에 짤막하게 등장하는 게임 '다이토'Dietto의 게임 규칙을 자세하게 설정하기 위해 경마를 공부하기도 했다. 건물의 평면도는 물론 주변 지도까지 상세하게 그려 놓았다.

『좀비들』은 2010년에 출간한 소설이고 2008년부터 쓰기 시작했으니 15년도 더 지난 메모인데 어제 떠올린 생각처럼 생생하다. 죽음과 삶에 대한 메모들인데 그때 했던 생각들과 어제 떠올렸던 생각들이 크게 다르지 않다. 깊어지거나 넓어진 부분은 있지만 생각의 결은 크게 다르지 않다. 어떤 메모는 다른 사람이 적은 것처럼 낯설고 어떤 메모는 수십 년 전 메모인데도 어제 한 것처럼 낯익다. 소설가는 결국 한두 가지 주제를 평생 반복해서 쓰고 있는지도 모르겠다.

2

요즘의 메모

여행에서의 메모

2023년에 미국 보스턴에 다녀왔다. 비행기 타는 걸 힘들어하기 때문에 여행 자체를 망설였는데, 한 번은 미국에 다녀와야 할 것 같아서 '보스턴 대학교'의 초대에 응했다. 메모장에 준비물을 써 내려가는 것만으로도 피곤했다. 국내 여행과 해외 여행은 리스트 자체가 다르다. 몰스킨 노트 한 권을 마련해 비행기 티켓, 초대장, 비자, 항공권 영수증, 호텔 위치와 연락처를 프린트해 붙였다. 긴 여행을 다녀올 때는 노트 한 권에 모든 과정을 정리해 두면 나중에 편리하다. 노트는 가계부 역할도 하고,

일기장 역할도 하고, 공식 문서함 역할도 한다. 공항에 도착해 입국 심사를 할 때도 노트를 보여 주면 편리하다. '나 이렇게 꼼꼼한 사람이야'라는 어필도 가능하다.

    보스턴으로 향하는 비행기에서 많은 글을 썼다. 오랜만에 여행 노트를 만들어서 그랬는지, 시간이 많아서 그랬는지 모르겠다. 보스턴에 도착하면 해야 할 일, 한국에 돌아오면 해야 할 일을 빼곡하게 적고 보니 비행기에서 메모를 많이 하게 되는 이유를 알 것 같았다. 지상에 있을 때는 보통 컴퓨터로 일을 한다. 공중에는 인터넷이 연결된 컴퓨터가 없으니 일할 준비를 하고 있었다. 해야 할 일을 다 적고 나니 여유가 생겨서 주변 물건과 비행기에서 벌어지는 상황을 묘사하기 시작했다.

    '폐쇄된 공간 속에서 아무도 내리지 못하는 닫힌 사회. 여기에서 많은 이야기가 나오는 게 당연하지.'
    '출발하는 척하더니 계속 엔진 예열 중'
    '계속 글을 쓰니까 시간이 빨리 가고, 시간의 단위가 느껴지면서 견디기가 수월하……, 아니다, 수월하지는 않다.'

돌아오는 비행기에서도 같은 노트를 사용했다. 한 권의 노트에 메모로 남는 여행은 사진이나 동영상과는 다르다. 사진에는 여행지의 모습이 담겨 있지만 노트에는 여행 중인 나의 눈이 담겨 있다. 사진으로 '무엇을' 보았는지 저장한다면, 노트로는 '어떻게' 보았는지 저장하게 된다.

여행에서의 메모가 특별한 이유는 공간을 함께 기억할 수 있기 때문이다. 대부분의 메모는 정확히 어디에서 했는지 기억하기 힘들다. 비행기 안에서 했던 메모를 읽으면 당시의 분위기와 쓰고 있는 내 모습과 조명까지 기억난다. 호텔 침대에 엎드려 쓴 메모를 읽으면 텔레비전에서 흘러나오던 미식축구 경기 중계와 테이블에 늘어놓았던 감자칩과 호텔 방 입구에 펼쳐 놓은 캐리어가 떠오른다. 휴대전화를 사용해서 적은 메모는 그렇지 않다. 노트의 글자를 보아야만 장소와 시간이 온전히 복원된다.

커피 마시며 하는 메모

요즘 브루잉 커피에 빠져 있다. 수많은 변수 속에서 어떻게 하면 최대한 맛있는 커피를 내릴 수 있을지 고민하고 있다. 로스팅된 커피 원두의 품질, 원두를 분쇄하는 그라인더의 품질, 분쇄 굵기, 드리퍼의 종류, 드리퍼의 크기, 커피 서버의 종류, 물의 종류, 물 온도, 커피 뜸을 들이는 시간, 커피에 물을 붓는 타이밍과 길이, 커피를 담는 잔의 종류에 따라 커피 맛이 달라진다. 수많은 변수를 한꺼번에 제어하는 건 불가능하기 때문에 전문가들은 모든 조건을 똑같이 해 놓고 단 하나의 변수만 바꿔 가며 맛을 조절하라고 한다. 말이 쉽다. '모든 조건을 똑같이'라는 단순한 요구가 아마추어에게는 쉽지 않은 일이다.

　메모를 열심히 할 수밖에 없다. 물의 온도를 정확히 기록하고 물의 양과 타이밍도 꼼꼼하게 적어 놓는다. 전문가들이 추천하는 커피 레시피도 빼곡하게 적어 놓았다. 가장 큰 문제는 결과물을 설명하는 과정이다. 맛은 구체적이지만 맛을 설명하는 과정은 추상적일 수밖에 없다. 재스민, 견과류, 복숭아, 시트러스 계열처럼 우리가 알고 있는 맛과 향에 빗대어 커피를 표현하지만 사람마다 느끼는 맛이 다르고 경험한 맛에 차이가 나기 때문에 불가능한 미션에 가깝다. 누군가 써 놓은 노트(커피를 마실 때 느껴지는 맛과 향의 구체적인 이미지를 '노트'라고 표현한다)를 아무리 느껴 보려고 해도 도저히 체험할 수 없는 경우가 많다. 그래서 커피가 재미있다.

'맛있다' '맛없다' '내 취향' '불호' 같은 단순한 표현을 쓰지 않고 추상적인 맛을 묘사하기 위해 말과 문자를 사용하는 모습이 감동적이다. 내가 느끼는 맛의 정체를 정확하게 분석하고 싶은 마음도 있지만, 내가 느낀 감각을 다른 사람에게 온전히 전달하고픈 욕망도 들어 있다. 한 잔의 커피를 만드는 데 수많은 변수가 작동하지만 가장 큰 변수는 커피를 마시는 사람이다. 자신이 지금 어떤 상태인지 알지 못하면 모든 커피의 맛은 달라질 수밖에 없다. 아침에 마시는 커피, 기분 나쁠 때 마시는 커피, 음식을 먹고 난 후에 마시는 커피가 모두 다를 수밖에 없다.

커피를 표현하는 방식 중 가장 재미있는 것은 '커피 향미 휠'Coffee Flavor Wheel이다. 커피에서 느낄 수 있는 향과 맛을 정리해 색상표처럼 만들어 놓은 것인데, 가장 안쪽 원에는 기본적인 맛의 범주가 적혀 있고 바깥으로 갈수록 구체적인 향미가 적혀 있다. 예를 들어 가장 안쪽 원에는 과일류라고 적혀 있고, 바깥 원에는 베리류라고 적혀 있고, 가장 바깥 원에는 '블랙베리' '스트로베리' '블루베리'처럼 구체적인 과일 이름이 적혀 있다. 모든 분류를 색과 연결시켜 놓은 것도 재미있다. 다양한 향미의 범주를 색으로 구분하면 한눈에 구조를 파악할 수 있고, 빠르게 찾을 수 있다는 장점이 있다. 색으로 세분화된 표를 보고 있으면 한 번 더 맛을 음미하게 되고, 지금 내 혀가 느끼는 게 어떤 맛인지 한 번 더 고민하게 된다.

　　대학 시절 적어 놓았던 바슐라르의 문장도 이런 뜻이었을까? '이미지를 대상으로 생각하지 말고, 그 이미지에서 특수한 실체를 찾으라.' 머릿속에서 돌아다니는 추상의 이미지들은 야생마처럼 자유롭고 생생하다. 거침없고 때로는 난폭하다. 생생함을 문장으로 그대로 옮겨 오고 싶지만 불가능하다는 걸 안다. 메모는 야생마처럼 날뛰는 추상의 이미지와 단정하게 정리된 글 사이의 완충 공간이다. 야생마를 길들이기 선에 메모로 느껴 보아야 한다. 메모 역시 거칠기 때문에 야생마를 이해하기에 좋은 형식이다. 때로 완성된 글보다 메모가 더 빛나 보일 때가 있는데, 야생마를 잘못 길들였다는 뜻이다.

3

소설을 위한 메모법

구상한다

소설은 어떻게 시작되는 걸까? 여러 군데에서 질문을 받지만 나도 잘 모르겠다. 생애 첫 소설이 시작된 계기는 알고 있다. 문학상이란 게 있길래 응모하느라고 썼다. 처음에는 내 인생을 돌아봤다. 첫 소설을 쓴 게 20대 초반이었으니까 돌아볼 인생이 별로 없었다. 그냥 평소에 하고 싶었던 이야기를 마구 썼다. 소설을 핑계 삼아 주인공의 입을 빌려 마구 욕지거리를 해 대고 났더니 속이 시원했다. 어쩌다 보니 그 소설로 상을 받게 됐고, 소설가의 꿈을 품게 됐다.

소설은 내 이야기를 주인공의 입을 빌려 하는 걸까, 다른 사람의 이야기를 내 입으로 하는 걸까, 고민이 많았다. 둘 중에 답이 있는 건 아니었다. 둘 다이기도 했고 아니기도 했다. 소설이 될 만한 이야기를 수첩에 적었다. 내가 겪은 일도 있고 남에게 들은 이야기도 있다. 어떤 이야기는 그냥 수첩에 계속 남아 있었고, 극소수의 메모만 살아남아서 이야기가 되었다. 메모들은 이합집산을 거듭했다. 서로 관련 없어 보이는 메모들끼리 연결되더니 새로운 메모를 이끌어 냈다. 내가 쓴 메모들이지만 내 것이 아닌 것처럼, 자기들끼리 꿈틀거리고 성장하고 폭발했다.

쓴다, 적는다, 기록한다, 남긴다

뭐가 소설이 될지 알 수 없고 어떤 메모가 살아남을지 예측할 수 없으니 무조건 적었다. 내 삶에서 겪게 되는 모든 감정을 적고, 내게 일어난 사건을 종이에 남기고, 뇌에서 빚어내는 온갖 망상도 써 두었다. 복권을 사는 심정이 이런 게 아닐까. 아니다, 복권을 사는 심정은 다르다. 딱 한 번 복권을 사 봤는데, 당첨되면 그 돈으로 뭘

할까 생각하느라 일상 생활이 불가능했다. 복권 당첨의 가능성이 만들어 주는 달콤한 꿈이라 생각하는 사람도 있겠지만 내게는 너무 쓰디쓴 꿈이었다. 그 뒤로는 복권을 사지 않았다. 메모를 적으면서는 '만약 이 메모가 소설이 되면 어떤 소설을 쓸까' 하는 망상에 빠지지 않는다. 오히려 '이런 메모가 소설이 되긴 힘들겠지'라는 마음이 더 크다. 메모는 시간이 흐르고 숙성되었을 때 진가가 드러난다. 아무것도 아닌 것 같던 메모가 사건의 열쇠로 변할 때도 있다.

갑작스럽고 뜬금없는 생각들을 낚아챈다

누워서 천장을 바라보고 있는데 갑자기 '가짜 팔로 하는 포옹'이라는 말이 떠올랐다. 옛날옛날 먼 옛날에 인사하는 걸 너무 싫어하는 사람이 살았는데, 그 사람이 사는 나라는 포옹이 유일한 인사법이었다. 포옹을 할 때마다 소름이 돋을 정도로 싫었지만 만나는 사람마다 대뜸 포옹을 하려고 달려드니 피할 방법이 없었다. 사람을 만나는 걸 싫어하지는 않았다. 그저 인사하는 게 싫고 포옹하는 게 싫었을 뿐이다. 그는 가짜 팔을 만들기 시작했다. 나무로도 만들고 알루미늄으로도 만들고 플라스틱으로도 만들었다. 누군가를 만날 때마다 가짜 팔을 꺼내서 포옹을 했고, 사람들은 눈치채지 못했다. '아, 가짜 팔로 해도 포옹이 되는구나.' 한 친구를 오랜만에 만나서 플라스틱 팔로 포옹을 했는데 친구가 눈물을 흘렸다. '너무 따뜻하다'며 품에 안겼고, 그는 플라스틱 가짜 팔로 등을 두드려 주었다.

여기까지 생각하고 나서 '가짜 팔로 하는 포옹'이라는 말을 메모장에 적어 넣었다. 어떤 이야기가 나올지는 알 수 없지만 '가짜'와 '포옹'이 서로 노려보고 있는 것 같아서 맘에 들었다. 몇 달 뒤에 새로운 소설 한 편을 썼다. 알코올 중독에 빠진 남자와 남자의 예전 여자친구가 술집에서 만나 이야기를 나누는 소설이다. 두 사람의 쓸쓸한 만남 중에 이런 대사가 나온다.

"그런데 그거 알아? 아무런 애정이 없어도 그냥 한번 안아 주기만 해도, 그냥 체온만 나눠 줘도 그게 한 사람을 살릴 수도 있대. 나는 그때 네가 안아 주길 바랐는데. 나는 네 등만 봤다고. 등에는 가시가 잔뜩 돋아 있었고."

이 대사를 쓰고 나서 메모장에 있던 '가짜 팔로 하는 포옹'이란 말이 떠올랐다. 제목이 소설을 기다리고 있었던 것 같다.

소설은 메모의 콜라주다

가끔 소설에 대한 강의를 할 때마다 소개하는 예시가 있다. 메모에서부터 소설의 완성까지 모든 과정을 기억하고 있는 몇 안 되는 작품이다. 소설의 제목은 「크랴샤」. 소설집 『일층, 지하 일층』에 실려 있다.

1

운전 중에 앞서 달리는 트럭의 꽁무니를 멍하니 보고 있었다. 끔찍한 교통 정체였다. 할 일이 없었고, 음악도 라디오도 지겨웠다. 커다란 트럭이 앞을 가로막고 있었고, 트럭 뒷면에는 '크랴샤'라는 말이 적혀 있었다. 낯선 단어였다. 동구권에 살고 있는 사람 이름 같기도 하고, 상큼한 맛의 탄산음료 이름 같기도 했다. 혼자서 괜히 '크랴샤! 크랴샤!'라고 소리 지르며 탄산음료 광고 모델이 된 것처럼 떠들기도 했다. 트럭에는 '소문난 건설

중기, 무소음 무진동 철거'라는 말도 적혀 있었다.

정확히 어떤 의미인지 알 수 없었지만 무언가 이야기가 더 있을 것 같아 사진을 찍었다. 집에 돌아가면 '크랴샤'라는 말이 어떤 뜻인지 찾아봐야겠다고 생각했다. (곧바로 인터넷 검색을 할 수 있는 시기는 아니었다.) 한참 후에야 '크랴샤'라는 단어의 의미를 알게 됐다. '크래셔'Crasher는 돌을 파쇄하는 공사용 기계 이름이었고, 업계에서는 흔히 '크랴샤'라고 불리는 모양이었다. 그 뒤로 크랴샤라는 단어는 잊고 지냈다.

2

'브이제잉'VJing 수업을 들었다. 공연에서 실시간 인터랙티브 영상을 다루는 사람을 '브이제이'Visual Jockey라고 부른다. 몇 주 수업을 듣고 나서야 알게 됐다. 브이제이에게 가장 중요한 덕목은 체력이구나. 공연장에서 실시간 영상을 연주하려면 영상을 만들고 편집하는 게 먼저인데, 오랜 시간 책상에 앉아서 작업해야 하는 일이었다. 영상을 조금씩 수정하다 보면 밤을 새우는 건 우스웠다. 내 체력도 우스운 지경이어서 브이제이의 꿈을 일찌감치 접었다. 글 쓰는 일도 책상에 오래 앉아 있어야 하는데 브이제이까지 병행하다가는 평생 책상에서 벗어날 길이 없어 보였다. 브이제잉 선생님을 통해 다양한 브이제잉의 세계를 알게 됐는데, 가장 인상적이었던 건 유럽의 오래된 성을 스크린 삼아 브이제잉을 하는 장면이었다. 일렉트로닉 음악을 들으면서 춤을 추는 사람들 너머에 커다란 성이 있었고, 온갖 영상이 나타났다가 사라졌다. 때로는 성이 사라진 것처럼 보이기도 했고, 성이 우주선처럼 보이기도 했다. 여러 종류의 브이제잉 영상을 보았고 '나중에 보기'에도 저장해 두었다.

3

취미 삼아 마술을 공부한 적이 있다. 마술 배우기가 유행이었다. 간단한 마술조차 오랜 연습이 필요했다. 카드 한 장을 손바닥에 숨기려면 사람들의 시선을 이용할 줄 알아야 했고, 손을 잽싸게 움직여야 했고, 능청스러움도 겸비해야 했다. 세 가지 중에서 자신 있는 건 능청스러움밖에 없었는데 그건 가장 마지막에 필요한 기술이었다. 재빠르게 포기했다. 그 와중에 마술에 대한 다양한 책을 읽고 유명한 마술 영상도 많이 보았던 건 공부가 됐다. 『제임스 랜디의 마술 이야기』가 가장 인상적인 책이었다.

4

단편집 『악기들의 도서관』은 '음악'을 주제로 한 단편소설을 모은 것이다. 처음부터 그러려던 것은 아니었는데 음악에 대한 소설을 쓰는 게 재미있었다. 피아니스트 이야기도 담았고, 소리를 수집하는 사람 이야기, 디제이가 공격당하는 이야기, 기타리스트를 꿈꾸는 남자 이야기도 썼다. 하나의 주제로 다양한 소설을 쓰는 작업이 마음에 들어서 '앞으로는 이런 식으로 단편소설집을 만들어야겠다'는 계획을 세웠다. 음악에 이은 두 번째 주제는 '건축과 공간'이었다. 고층 건물에서 유리가 떨어지는 이야기, 집 뒤쪽 공터에서 식인 식물이 자라는 이야기, 도시의 골목에서 스케이트보드 타는 청년들 이야기를 썼다. 공간에 대한 소설을 쓰면서 내 인생의 다양한 장소들을 떠올리는 게 좋았다. 그러다 어느 날 이런 메모를 적게 됐다.

"도시는 절대 낡지 않는다. 나만 낡아갈 뿐이다."

도시와 공간에 대한 소설을 쓰다가 문득 생각나 적은 문장이다. 곳곳에서 재개발이 이루어지고 낡은 건물을 가차 없이 무너뜨리는 도시의 모습이 비정하게 느껴졌다. 메모장에 적어 놓고 문장을 계속 바라보았다. 도시는 점점 거대해지고 새로워지고 번쩍번쩍 광이 나는데, 그 앞에 서 있는 한 사람은 날이 갈수록 초라해진다. 메모에 적은 저 두 문장이 들어가는 소설을 쓰고 싶어졌다.

5

폐자재를 이용해서 가구를 만드는 사람을 텔레비전에서 보았다. 마음속에 살고 있던 소설 속 주인공이 그 직업을 선택했다. 가구 판매하는 사람을 조사했고, 재활용 가구 시장을 알아보았고, 폐자재로 의자를 만드는 예술가를 알아냈다.

6

주인공의 모습이 조금씩 선명해졌다. 주인공은 가구를 판매해서 돈을 벌지만 '마술'이라는 취미가 있다. 마술사가 되는 게 꿈이라고 나에게 말했다. 어쩜 나하고 취향도 비슷한 주인공이라니……. 마술이라면 내가 잘 안다. 이것저것 살펴보고 메모해 둔 게 많다. 주인공은 어느 날 '하미레즈'라는 외국 유명 마술사의 보조 역할을 제안받는다. 한국 공연에서 낡은 건물이 통째로 사라지는 마술을 선보이겠다고 한다. 다양한 영상 기법을 이용해 마치 브이제이가 공연장에서 영상을 보여 주듯 현란한 마술을 펼쳐 보일 예정이다.

7

소설 쓰기를 시작했다. 제목은 「크랴샤」로 정했다. 마술, 브이제잉, 폐가구, 도시, 공간이라는 소재가 어우러지면서 이야기의 뼈대가 만들어졌고, 나는 디제이가 그러듯 그 모든 것을 섞고 또 섞으면서 소설을 완성시켜 나갔다. 소설의 마지막은 이런 문장으로 끝난다.

"도시는 절대 낡지 않는다. 나만 낡아갈 뿐이다."

4

메모하는 사람의 하루

10:00 am

NBA 플레이오프 시즌이다. 오늘은 좋아하는 보스턴의 경기가 있는 날이다. 작년에 해 둔 메모를 살펴보았다. 어떤 팀들이 승부를 겨뤘고, 누가 살아남았는지 써 있다. 작년에는 보스턴이 우승을 차지했다. 경기를 볼 때면 평생 기억할 것처럼 선수들의 모든 동작을 눈여겨보지만, 1년이 흐르면 '누가 이겼더라?' 결국 모든 기억이 가물가물해진다. 메모를 보면 조금씩 경기 모습이 되살아난다. 올 시즌 역시 구글의 스프레드시트 파일로 꼼꼼하게 기록해 둔다.

11:00 am

아점으로 먹으려고 준비한 파스타와 샐러드 사진을 찍는다. 사진으로 찍기만 해도 '파스타와 샐러드'라는 텍스트도 함께 저장되면 좋겠다. 사진은 검색이 쉽지 않다. 최근에는 이미지 검색도 가능하지만 아직은 기능이 제한적이다.

12:30 pm

하늘 사진을 찍었다. 하늘은 한 번도 같은 모습이었던 적이 없다.

1:00 pm

소설에 쓸 자료를 구하느라 인터넷 서점을 돌아다녔다. 사고 싶은 책은 많은데, 읽지 못한 책도 쌓여 있다. 적당히 타협해야 한다. 사고 싶은 책을 적어 두는 메모장이 따로 있다. 인터넷 서점의 '보관함' 역시 메모장이라고 할 수 있다.

2:00 pm

커피 한 잔 마시려고 물을 끓인다. 드리퍼를 준비하고

원두를 분쇄하고 향을 맡는다. 원두 이름을 노트에 적는다. 오늘 마실 커피는 '콜럼비아 핀카 아나야 로즈 스플래시 워시드'다. 여행 중에 아내가 몹시 좋아해서 사 왔는데 지금은 내가 더 좋아한다. 이름처럼 장미 향이 사방에 퍼진다. 레시피를 고르는 것도 커피 마시는 재미 중 하나다. 어제는 16그램을 사용했다면 오늘은 20그램에 맞는 레시피를 골라서 커피를 내린다. 레시피를 적고, 맛이 어땠는지 적는다. 맛을 기억하려면 적는 수밖에 없다.

3:00 pm

배경음악처럼 틀어 둔 '스포티파이'에서 마음에 드는 음악이 흘러나왔다. 제목이 너무 멋지다. 「could you love me while i hate myself」. 소설 제목으로 쓸 수 있을지도 모르겠다. 데이윈 프로그램에 메모해 두었다. 하루에도 수십 곡씩 노래 제목이 저장된다. 나중에 노래 제목만 따로 프린트해서 제본을 해 볼까 싶다. 그 노래들 속에 내가 있었다.

4:00 pm

저녁이 되기 전에 산책을 나가서 걸어다닌다. 풍경을 자주 찍는다. 그 속의 거미, 목줄이 없는 강아지, 자동차 밑에서 눈치 보는 고양이, 어제 내린 비 때문에 흐물흐물해진 꽃잎을 찍는다. 때로는 아무것도 찍지 않는다. 아무 생각도 하지 않고 걷기만 하는 시간도 소중하다. 아무것도 메모하지 않는 순간이 소중하다. 그런 시간에도 아마 나는 마음속으로 무언가 메모하고 있겠지만, 대놓고 뭔가 기록하지는 않는다.

6:00 pm

소설을 쓴다는 일은 나를 기록하는 것일까, 세상을 기록하는 것일까, 타인에 대한 추측을 메모하는 것일까, 나의 미래를 더듬어 짐작하는 일일까. 쓰고 있을 때는 그런 생각을 하지 못한다. 글을 쓴다는 것은 어둠 속에서 볼펜으로 끄적거리는 것과 비슷하다. 뭔가 쓰고 있는 것 같지만, 볼펜의 잉크가 바닥난 상태라면 아무것도 기록되지 않을 것이다. 그저 종이에 희미한 자국만 남을 뿐이다. 탐정들이 연필 문지르기로 비밀 메모를 알아내는 것처럼 누군가 흔적 속에 남은 내 삶을 알아차릴지도 모른다.

8:00 pm

SNS에 흔적을 남기기 위해 글을 쓰고 사진을 찍는다. SNS에 게으른 사람이지만 가끔 뭔가 적고, 누군가에게 하트 받는 걸 즐긴다. 나도 사람들의 SNS에다 하트를 남긴다. 하트를 누르면 하트가 스프링처럼 튀어올랐다가 빨간색으로 내려앉는다.

10:00 pm

얼마 전에 비싸게 구입한 헤드폰으로 음악을 듣는다. 모든 음의 해상도가 달라진다. 선명해지고 넓어지고 깊어진다. 좋은 헤드폰을 사용하면 세상에 숨은 더 많은 소리를 들을 수 있다. 세상이 궁금해서 좋은 헤드폰을 사고, 그림을 보고, 여행을 떠난다. 반 고흐가 어떤 풍경 속에서 어떤 심정으로 그림을 그렸는지 알고 싶어서 네덜란드의 반 고흐 뮤지엄에 가서 그림을 보고, 보르도의 와인이 어떻게 만들어지는지 보고 싶어서 프랑스로 간다. 세상 모든 걸 100퍼센트로 온전히 느낄 수는 없다. 최대한 원본에 가까워지고 싶은 마음은 과욕이다. 그렇지만 마음을 열고 노력하는 사람에게 운이 따르면 100퍼센트가 아니라 500퍼센트를 느낄 수도 있다. 내 글을 읽은 사람이, 나는 상상도 하지 못했던 순간을 떠올렸다고 말할 때, 예술은 물리가 아니라 화학이라는 생각이 든다.

11:50 pm

하루 종일 찍은 영상을 보면서 '오늘의 1초'를 정한다. 오늘은 경쟁이 치열하지 않다. 산책길에서 만난 고양이를 골라야겠다.

1:30 am

내일 해야 할 강의 원고를 본다. 강의를 두려워할 때는 연단이 심판대 같았는데, 익숙해지자 라이브 공연 무대 같기도 하다. 전에는 해야 할 말을 빼곡하게 적어 갔는데 점점 원고가 줄어들고 있다. 누가 올지 모르기 때문이고, 어떤 일이 벌어질지 알 수 없기 때문이다. 혼자서 글을 쓰는 일은 무척 외롭기 때문에 가끔 대중 강의를 통해 사람들을 만나면 반갑다.

예전에 공연장을 자주 다닐 때는 라이브 공연이야말로 온몸에 시간을 메모하는 일 같다고 생각했다. 집에 돌아와도 귓속에서 비트가 쿵쾅거리고, 가슴은 계속 뛰고 있고, 나도 모르게 공연장에서 들었던 멜로디를 흥얼거리고 있었다. 공연장에서의 강렬한 시간은 공감각적 메모였다. 그 시간은 '잊히겠지만 사라지지는 않을 것이다'. 넷플릭스 『주관식당』에서 최강록 씨가 했던 말을 적어 두었다. 함께했던 문상훈 씨가 '자신이 떠나고 새로운 사람이 함께하면 자신은 점점 잊힐' 거라고 했더니, 최강록 씨가 그렇게 말했다. "잊히겠지만, 어…… 사라지지는 않잖아요."

우리는 경험한 순간들을 잊지 않으려 애쓰지만 어떤 기억들은 분명히 잊힐 것이다. 그렇지만 사라지는 것은 아니다. 내 몸 어딘가에 그 기억들은 알지 못하는 방식으로 남아 있을 것이다. 내 몸의 세포 하나하나가 메모장 역할을 하는 셈이다.

2:50 am

잠을 자려고 누웠을 때 떠오르는 생각들은 대체 어디에서 나타나는 것일까? 만약 근원지를 추적할 수 있다면 특공대원들을 출동시켜 모조리 폭파시켜 버리고 싶다. 수류탄 투척! 아무리 폭파시켜도 내가 애써 기록하지 않앉던 것들이 떼지어 몰려올 것이다. 오히려 지우려 애썼던 것이 더 많다. 나는, 나도 모르게, 나를 기록하고 있는 모양이다. 잠으로 곧장 빠져들 수 있는 스위치 같은 게 있으면 좋겠다. 스위치는 파란색이면 좋겠고, 큼지막해서 누르기 편했으면 좋겠다. 나는, 나도 모르게, 머릿속으로 스위치를 그리고 있다. 제발 그만하자, 우리.

3:20 am

전에는 머리맡에 메모지를 두고 잤는데 요즘엔 그러지 않는다. 전에는 모든 생각을 놓치고 싶지 않아서 촘촘한 그물을 쳐 두고 잤는데, 언젠가부터 큼지막한 그물을 대충 던져 놓고 잠으로 향한다. '어차피 살아남을 생각은 살아남는다'는 게 요즘의 생각이다. '영감'inspiration이라는 녀석은 장난기가 많아서 오라면 도망가고, 샤워할 때처럼 필기도구가 없을 때 찾아오고, 자동차 운전할 때처럼 두 손을 어찌할 수 없을 때 반대편 차선으로 나타났다가 사라지는 놈이라서 나도 작전이 필요했다. 문제는 나이가 들면서 기억력이 자꾸 감퇴한다는 점인데, 메모장을 다시 머리맡에 두어야 할지 고민하고 있다. 휴대전화를 놓고 싶진 않다. 휴대전화로 메모를 시작하다가 괜히 새벽 4시까지 쇼츠를 보면서 시간을 낭비하고 싶지는 않……

4:00 am

쇼츠는 인생의 낭비가 분명하다. 40분을 낭비한 다음에야 깨달았다. 그렇지만 때로 낭비를 해 봐야 근검절약도 할 수 있는 법이다. '쇼츠도 누군가의 기록이고, 메모의 한 종류니까, 한 30분만 쇼츠를 더 보면 대단한 영감이 찾아올지도 모른다'는 생각을, 내 안의 누군가 하고 있다. 나도 모르게, 자꾸만 이상한 생각을 끄집어내는 그놈이 분명하다. 스위치를 힘겹게 끄고, 꿈의 세계로 향한다.

10:00 am

뭔가 꿈을 꾸었는데, 잘 기억나지 않는다. 꿈을 기록하는 사람들이 신기하다. 요즘엔 꿈을 기록하는 사람늘에 대한 소설을 쓰고 있는데, 내게도 그런 능력이 찾아오면 좋겠다. 기억만 할 수 있다면 진짜 멋지게 기록할 수 있는데…….

I 메모의 경험들
: 나는 메모의 총합이다

II 메모의 도구들
: 쓰려고 다 써 봤다

III 메모의 방법들
: 추천하는 10가지 메모법

IV 메모하는 사람
: 메모는 내가 누구인지 알고 있다

V 메모에 관한 단상
: 호모 스크립터 Homo Scripter

1

나는 메모한다, 존재한다

글을 시작하기 위해 키보드에 두 손을 얹으면 피아니스트가 된 것 같다. 사방의 고요 속에서 긴장감이 흐른다. 협주곡을 연주하는 피아니스트는 아니다. 지휘자가 보이지 않는다. 함께 곡을 연주할 오케스트라도 없다. 쓸쓸하게 혼자 앉아서 소나타를 연주하는 피아니스트다. 관객도 없다. 무대에 혼자 앉아 있고, 이곳이 무대인지도 잘 모르겠다. 머뭇거리다가 키보드에서 손을 뗀다. 어떻게 시작해야 할지 알 수 없다. 관객이 없어서 그렇다. 관객이 있었다면 뭐라도 시작했을 것이다. 위대한 피아니스트 블라디미르 호로비츠는 무대에 올랐을 때 자신이 왕이 된 것 같다고 표현했다. 나는 세상에서 가장 외로운 사람이 된 것 같다.

글을 시작하지 못했는데, 써야 할 글의 마지막 부분이 떠올랐다. 어떤 문장으로 끝내면 좋을지 생각났다. 생각은 때때로 두서없이 들이닥친다. 이치와 순서에 맞지 않지만 일단 써 두어야 한다. 가끔은 목적지를 먼저 정해 두고 달리는 모험도 해 볼 만하다. 키보드의 엔터 키를 계속 눌러서 아래로, 아래로, 아래로 내려가 보지만 컴퓨터 화면은 끝이 없다. 악몽 속의 우주처럼 한없이 아래로 추락할 뿐이다. 키보드에 'home'과 'end' 버튼이 위아래로 놓여 있다. 문서의 꼭대기로 올라가려면 'home'을 누르고, 끝으로 가려면 'end'를 누르면 된다. 'end'는 정확한 위치가 아니다. 문서를 모두 작성했을 때, 글이 끝났을 때에만 'end'가 생긴다.

종이와는 다르다.

A4 종이의 맨 아래쪽에다 적는다는 기분으로 대략의 위치를 정한 다음 컴퓨터 화면 아래쪽에다 떠오른 생각을 적어 보았다. 컴퓨터로 글을 쓸 때마다 허공에다 글을 기록하는 기분이다. 어디에도 내려앉지 못하고 '클라우드'(구름)에 저장해 둔다. 구름은 매시간 형체를 바

꾸는데, 내가 쓴 글도 그렇게 사라질 것 같다. 사라져도 상관없지만, 지금은 아니다.

책상에는 가로 10센티미터×세로 15센티미터의 메모 패드가 놓여 있다. 급하게 뭔가 적어야 할 때면 패드에다 휘갈겨 쓴다. 슈퍼마켓에서 사야 할 물건, 전화 통화할 때 받아 적었던 내용, 오늘 해야 할 일의 순서 같은 게 최악의 글씨체로 적혀 있다. 어쩌면 일부러 휘갈겨 쓰는 것인지도 모르겠다. 생각의 속도와 필기의 속도를 맞추려면 그 정도의 글씨체여야 한다. 악필로 유명한 나폴레옹은 휘갈겨 쓴 글씨 때문에 작전을 망치기도 했고, 그 때문에 공식 문서를 직접 작성한 적이 드물었다. 악필로 휘갈기고 싶다. 뇌에서 흘러나오는 생각의 물결을 댐으로 막는 게 아니라 수위 조절 없이 무조건 방류하고 싶어진다. 어떤 글이 될까? 새로운 방식의 글쓰기가 될까? 머지않은 미래에 인공지능이 인간을 그렇게 도울지도 모르겠다. 당신은 생각만 하세요, 쓰고 정리하는 건 제가 할게요.

무한히 확장되는 종이가 있다면 얼마나 좋을까? 글을 이어 가느라고 다음 줄로 내려갈 필요가 없고, 끝없이 한 줄로 이어지는 문장들이 종이에 가득찰 것이다.

세상의 모든 평면이 종이였으면 좋겠다. 연필을 들고 다니다가 어디든 메모할 수 있으면 좋겠다. 종이가 아니더라도 메모할 수 있는 평면이 무한할 수 있다면 상관없다. 새로 만난 사람의 얼굴 옆에다 그 사람의 특징을 메모할 수 있다면 좋겠다. 맛있게 생긴 빵 옆에다 하트를 표시하고, 새로 발견한 구름에다 이름을 만들어 주면 좋겠다. 세상 전체가 메모장이었으면 좋겠다. 가짜 종이로 만든 책이 있어도 좋겠다. 책 한 권만 들고 다니다가 필요한 책을 그때그때 다운로드하면 얼마나 좋을까? 책 속 글자들이 순식간에 교체되며 새로운 책이 나타난다. 태블릿 PC가 그런 게 아니냐고? 진짜 책처럼 페이지가 있고, 넘길 수 있고, 귀퉁이를 접을 수 있고, 메모도 할 수 있는데, 무게는 몹시 가벼운 그런 책을 원한다. 페이지는 무조건 500페이지. 500페이지가 되지 않는 책들은 빈 페이지로 가득하다. 500페이지가 넘으면 다음 권으로 이어진다. 메모를 하면 그 책과 함께 저장됐다가 다시 나타난다. 종이인데 종이가 아닌, 그런 공간에다 메모를 하고 싶다.

    버스에서 아이디어가 떠오르면 휴대전화에 메모한다. 버스의 흐름에 내 몸을 맡긴 채 종이에 적어 보기도 했지만, 내 생각보다 버스의 진동이 더욱 선명하게 남아 있었다. 펜으로 적는 것보다 휴대전화를 이용하는 게 훨씬 효과적이다. 두 손가락으로 빠르게 적는 게 휴대전화 메모의 장점이다. 휴대전화에 적으면 메모의 길이가 짧아진다. 완벽한 문장을 정리해서 적기에는 시간이 모자란다. 생각의 길이를 잘라 내고, 디테일을 생략한다. 일단 적어 놓고 나중에 생각하자. 중요한 단어들만 모아서 문장을 급조한 다음 나머지 문장들은 나중에 채우자. 버스에서 내려 목적지를 향해 걷고, 사람을 만나고, 이야기를 나누고, 집으로 돌아가는 버스에서 적어 두었던 메모를 다시 본다. 생각이 떠올랐을 때는 새롭고 신선했는데, 다시 들여다보니 퉁명스럽고 거칠거칠하다. 시간이 흘렀기 때문일까, 디테일을 생략해서일까, 그 사이에 내가 변했기 때문일까.

"인간은 태어날 때부터 열 개의 스타일러스(펜)를 가지고 태어난다." 아이폰을 만든 스티브 잡스의 말이다. 아이폰이 탄생하기 전에는 터치 스크린에다 스타일러스로 입력했다. 지금도 몇몇 휴대전화는 스타일러스로 입력한다. 아이폰은 혁명이었다. 지금은 일상이 됐다. 사람들은 자신의 손가락으로 아이폰을 터치하며 환

호했지만, 손가락으로 할 수 있는 게 젓가락을 쥐거나 욕을 하는 것 말고도 더 있다는 사실에 열광했지만, 시간이 흐른 뒤에 진실을 알게 됐다. 결국 열 개의 스타일러스 중에 주로 쓰이는 건 두 개뿐이라는 걸. 두 개의 엄지가 글을 쓰는 동안 나머지 손가락은 휴대전화를 꼭 쥐고 있는 거치대로 변해야 한다는 걸. 이제는 손가락을 대지 않고 메모를 한다. 시리와 구글과 빅스비와 온갖 이상한 이름의 필기사를 소환하여 자신의 생각을 저장한다. 문장의 형태는 더욱 기이해진다. 머릿속으로 한 번 만에 완벽한 문장을 만들기란 불가능하기 때문에 우리는 말해 놓고 덧붙이고, 다시 덧붙이고, 수정한다.

컴퓨터 앞의 키보드를 두드리고, 책상 위의 메모 패드에다 휘갈기고, 손에 쥐고 있는 휴대전화에 급하게 입력하고, 나의 목소리로 끊임없이 저장하면서, 나는 메모한다. 그래서 나는 존재한다.

2

궁극의 메모 앱을 찾아서

메모는 종이에 하면 되지, 앱은 무슨 앱. 이렇게 쓰고 글을 마무리하고 싶다. 결론은 정해져 있다. 이 글을 끝까지 읽어 봐야 그럴듯한 메모 애플리케이션 몇 개 소개받는 게 전부일 테고, '결국은 우리 모두 종이로 돌아가게 될 것'이라는 마지막 문장을 마주하게 될 것이다. 지나치게 시니컬해 보이겠지만 진심이다. '공수래공수거' 하듯이 최후의 종이도 분리수거될 것이고, 우리가 '유레카'를 외치면서 떠올렸던 멋진 아이디어나 기가 막힌 문장들 역시 분리수거되어 재로 돌아갈 것이다. '내 메모의 역사'는 종이에서 시작했다.

메모란 무엇인가?

어렸을 때는 종이에 낙서를 했다. 교과서 귀퉁이의 여백은 중요한 메모지였다. 페이지마다 그림을 그려 하늘로 날아가는 슈퍼맨 애니메이션을 완성한 적도 있고, 마음의 풍경을 (지금 기억으로는) 심오한 문장으로 적은 적도 있다. 아직도 그때의 메모를 가지고 있지만 다시 읽어 볼 생각은 하지 못했다. 요즘 쓰고 있는 글과 비슷할까 봐, 수십 년 동안 하나도 발전하지 않았을까 봐 겁이 난다.

사람들은 수시로 메모를 한다. 문득 떠오른 생각이 너무나 특별해서, 지금 느끼는 내 감정을 온전히 기록하고 싶어서, 거대한 작품의 시작이 될 만한 씨앗 같은 아이디어가 떠올라서, 나의 일상을 캡처해 두고 싶어서, 뭔가 쓰고 싶어서, 그냥 재밌어서 메모를 한다. 어떤 메모는 자라서 걸작이 되었을 것이고, 어떤 노트는 불쏘시개가 됐을 것이고, 어떤 글들은 먼지를 뒤집어쓴 채 집 어딘가에 숨어 있을 것이다.

나는 초등학교 때부터 낙서를 시작했고, 대학 때 처음으로 소설을 썼고, 서른 살 때 소설가가 되어 쉰 살이 넘었다. 내 메모의 생존율은 얼마나 될까? 메모해 놓은 단상이나 아이디어나 짧은 글이 살아남아 출판될 확률은 얼마나 될까? 식당의 적정 원가율은 30~35퍼센트인데, 내 메모의 생존률은 10퍼센트 미만인 것 같다. 90퍼센트에 가까운 메모가 조용히 사라진다. 오래된 메모를 볼 때마다 '이런 건 대체 왜 적어 놓았을까' 싶다.

메모의 핵심은 거기에 있다. 메모는 부스러기이고 먼지이며 곧 증발하고 마는 물방울 같은 것이다. 우리는 그런 조각들을 모아 큰 그림을 만드는데, 그 과정에서 버려지는 게 훨씬 많다. 낭비가 아니다. 생존율 10퍼센트 미만이지만, 때로는 버려지기 위해 떠오르는 생각들이 있다. 다음 단계로 가기 위해서 소진되는 운명의 메모도 있게 마련이다. 머릿속에서는 엄청나게 멋진 아이디어 같지만 종이에 써 보면 초라한 경우가 많다. 반대도 있다. 머릿속에서는 추상적이었는데, 메모를 해 놓고 보니 정리가 되기도 한다. 우리는 기록하는 동물이고, 기록을 통해서 우리가 누군지 알아 나가는 존재이다.

메모 앱을 파는 남자와의 만남

어서 오세요. 메모 앱 보러 오셨어요? 어디까지 생각하고 오셨어요?『토지』나『태백산맥』같은 대하소설 쓰실 건 아니죠? 아, 그런 앱은 별실에 따로 있거든요. 일단 메모 초보자하고 숙련자하고는 쓰는 앱이 다르니까요. 일단 무슨 메모를 하고 싶은데요? 버스 타고 가다가 떠오른 아이디어나 짤막한 '펀치라인' 같은 건 '네이버 메모장'이 제일 나아요. 아니면 그냥 '나한테 문자 보내기' 기능을 쓰든가요. 아이폰 '기본 메모 앱'도 좋아요. 그런 건 기본 앱이니까 추가로 돈 쓸 일도 없죠. PDF도 넣을 수 있고, 문서 스캔도 잘 되고, 손글씨도 넣을 수 있고, 태그로 정리하기도 깔끔하고 좋아요. 아주 '무나아아아안'하죠. 아, 폰트나 스타일 바꾸고 그런 건 당연히 쉽지 않죠. 약간 폼나는 거 좋아하시는구나? 요즘 대세 앱 몇 개 소개시켜 드려요? 글 좀 쓰려면 이 정도는 알아야죠. 글은 폼이 절반이잖아요. 여기는 애플용 글쓰기 앱만 파는 거는 알고 오셨죠?

'노션'이라고 들어 봤어요? 제가 아는 소설가 김중혁 씨는 노션을 한 3년 썼대요. 그 사람 트렌디한 거 좋아하는 병이 있어서 남들 안 쓰는 앱 쓰는 거 진짜 좋아해요. 노션 초기부터 사용하면서 소설 원고, 동영상 파일, 영화 리뷰, 별점, 독서 노트 다 정리해 뒀는데, 어느 날 갑자기 노션이 너무 느려진 거예요. 이게 데이터를 전부 서버에다 놓아 두고 쓰는 거니까 느려질 수밖에 없어요. 그러던 어느 날 밤에 자려고 누웠다가 결정적인 문제점을 깨달았어요. "노션의 핵심은 공유 기능인데, 나는 공유할 사람이 없구나." 그러고는 울었다나……. 하하하, 혼자 작업하는 게 힘들긴 한가 봐요. 회사에서는 공유할 문서도 많고 의견 조율도 자주 해야 하니까 노션이 요긴하지만, 소설가의 글 정리하는 데는 노션이 무슨 도움이 되겠어요. 그 사람 어디로 옮겨 탄 줄 알아요? '옵시디언'이라고 들어 봤어요?

옵시디언은 제텔카스텐 시스템을 사용할 수 있는 노트앱인데 비주얼이 되게 멋지거든요. 가지고 있는 모든 메모를 비주얼로 보여 주는데, 와……. 제가 봐도 멋지긴 해요. 서버에 저장되는 게 아니라서 좋은 점도 있고, 사람들이 개발해 놓은 플러그인도 많고, 마크다운 포맷을 사용하는 것도 좋죠. 아, 제텔카스텐은 뭐고, 마크다운은 뭐냐고요? 에이, 손님 그러면 이거 쓰세요. 간단하고 좋은 거 소개시켜 드릴게요.

'에버노트'는 들어 보셨죠? 코끼리 아이콘 본 적 없어요? 이게 디자인은 구려도 사용하긴 편해요. 메모 정리하기도 편하고요. 아 '데이원'? 일기 앱인데 하루하루 기록하기에는 그것도 좋아요. 진짜 간단한 거 원하시면 'iA writer'라고 이것도 괜찮고…… 요새는 또 '크래프트'Craft도 괜찮긴 한데…… 아니면 이건 어때요? '율리시즈'라고, 이거 진짜 좋아요. 폴더형으로 글 정리하기도 좋고, 폰트도 자유자재로 바꿀 수 있고, 스타일도 다양하게 바꿀 수 있고, 뭐니뭐니해도 이름이 멋지잖아요. 제임스 조이스가 『율리시즈』를 이 앱으로 썼잖아요. 하하하, 당연히 농담이죠. 그 양반이 요즘 사람이면 이걸로 썼을 거예요.

그런데 솔직히 맥으로 글 쓰실 거면 '페이지스'도 좋아요. 애플은 기본 앱이 진리라는 말도 있잖아요. 아이폰에서 아이패드로 또 맥북으로 이어 쓰기도 편하고, 스마트 주석이나 도형 작업 같은 작업도 간단해요. 아니, 손님, 그러니까, 진작에 말씀하셨어야죠. 메모를 하고 싶은 거예요, 아니면 글을 쓰고 싶은 거예요? 두 개는 완전 다르죠. 메모는 생각의 조각조각을 기록하는 거고, 글쓰기는 그 조각들을 하나의 글로 이어 붙이는 거잖아요. 그럼 이쪽으로 오세요. 제가 '스크리브너' 소개해 드릴게요.

스크리브너에 정착한 소설가

돌고 돌아 다시 여기에 왔다. 스크리브너를 사용한 지도 10년이 넘었다. 스크리브너는 무엇보다 복잡하다. 수백 가지가 넘는 기능을 모두 파악하려면 스터디 그룹을 만들어야 할 지경이다. 한때는 스크리브너가 너무 무겁게 느껴져서 가벼운 앱을 많이 사용했다. '율리시즈'는 너무나 좋은 글쓰기 프로그램이고, '노션' 역시 훌륭한 노트 정리 앱이지만 무언가 아쉽게 느껴졌다.

글을 쓰면서 가장 안타깝게 생각하는 점은 텍스트 파일의 크기가 너무 작다는 것이다. 영화 한 편은 1기가바이트가 넘고, 고음질 음악 파일은 40메가바이트가 넘고, 그림 파일은 10메가바이트가 기본인데, 텍스트 파일은 원고지 1,200매 분량이 고작 573킬로바이트다. 1메가바이트도 안 된다. 가뜩이나 예술의 도구도 평범한 편인데(묵직한 피아노? 온갖 색의 물감? 카메라? 우린 종이와 펜만 있으면 된다) 파일의 크기마저 작다니 왠지 억울하다. 글쓰기가 그 어떤 예술보다 묵직한 작업이라는 것을 어떻게 알리면 좋을까 오랫동안 고민했고, 파일의 크기를 키우는 방법을 고안했지만 별다른 성과가 없었다. 그러다가 글을 쓸 때 수집한 모든 자료를 스크리브너에 넣어 보았다. 파일 크기가 커졌다. 소설 한 편의 크기가 200메가바이트보다 커졌다. 그래, 이 정도는 되어야 소설이라고 할 수 있지.

한 편의 글을 써내려면 온갖 재료들이 뒤섞여야 한다. 1년 전에 보았던 텔레비전 프로그램, 5년 전에 후배가 내게 한 말, 어제 만난 사람의 옷 스타일, 그저께 영화에서 본 대사가 뒤섞여서 오늘의 글이 탄생한다. 모든 글은 삶의 메모로부터 출발하고, 메모에는 중요한 것과 중요하지 않은 게 따로 없다. 나중에 어떤 메모가 중요해질지는 전혀 알 수 없다. 우리는 그저 모으고, 외우고, 적고, 정리하고, 쓰고, 녹음하고, 찍어서 삶을 보관한다. 우리 삶이 예술이 되기를 바란다.

지금 단 하나의 파일에 내가 지금까지 쓴 모든 글을 정리해 두었다. 파일 이름은 'kimjunghyuk.scriv'이고 크기는 2.47기가바이트다. 언젠가 세상을 떠나게 될 때 이 파일 하나만 지우면 된다.

평생 하나의 메모 도구만 사용할 수 있다면
메모 도구로 종이와 연필을 추천하고 싶다. 머릿속에 어마어마한 아이디어가 떠올랐더라도 천천히 연필을 깎는 걸로 시작하면 좋겠다. 연필을 깎다가 아이디어가 사라지면 어떡하냐고? 중요한 아이디어는 다시 찾아오게 돼 있다. 아이디어와 밀당을 할 줄 알아야 한다. 연필이 종이 위에서 사각거리는 소리를 들으면서 마음속에 떠오르는 문장을 적어 본다. 그 어떤 애플리케이션을 사용할 때보다 더 많은 생각을 시작하게 될 것이다. 다른 사람과의 공유 기능은 약하지만, 검색 기능이나 맞춤법 기능도 작동하지 않지만 종이 위에 뭔가 쓰는 것만으로도 우리의 뇌는 새로운 생각을 시작한다. 휴대전화 자판을 두드리지 말고, 손가락을 이용해 연필을 쥐고 자음과 모음을 써 보자. 그림도 그려 보자. 왼쪽에서 오른쪽으로 쓸 필요도 없고 위에서 아래로 쓸 필요도 없다. 종이는 우주와 같다. 아무리 훌륭한 기술이 생기더라도, ChatGPT의 도움을 받으면서 글을 쓰게 되더라도, 결국은 우리 모두 종이로 돌아가게 될 것이다. 나는 그렇게 믿는다. 메모 앱을 소개하는 자리에 이런 말을 해서 미안하지만, 메모는 종이에 하면 되지, 앱은 무슨 앱.

3

세상의 수많은, 나와 다른 호모 스크립터

미국 뮤지션 테일러 스위프트는 노래 아이디어가 떠오를 때마다 아이폰에 음성 메모를 남긴다. 멜로디를 저장해야 하니까 당연한 일이지만 아이폰이 없었을 때는 어떻게 메모했을까 궁금하다. 많은 작곡가는 작은 노트를 가지고 다니다가 악보를 그렸다. 음악을 모르는 사람은 악보를 봐도 이해할 수 없으니 일종의 암호로 메모를 남긴 셈이다. 데모 테이프 역시 일종의 메모일 수 있다. 테이프에다 즉흥적인 메모를 남긴 다음 그 음악을 발전시켜 곡을 완성시키는 경우가 많다. 유명한 뮤지션일 경우에는 데모 테이프가 음반으로 발매되기도 한다.

가장 유명한 사례는 밥 딜런의 「The Basement Tapes」일 것이다. 1966년부터 1967년까지 밥 딜런은 '더 밴드'The Band와 함께 집 지하에서 음악을 녹음했는데 공식적인 녹음이 아니었기 때문에 녹음 상태가 형편없었다. 밥 딜런의 노래 역시 엉망진창이었다. 사람들은 오히려 그 날것에 열광했다. 컨트리 록의 자연스러움이 그대로 묻어났고, 꾸미지 않은 솔직한 연주는 아름다웠다.

루 리드는 벨벳 언더그라운드를 탈퇴한 후 초기 솔로 앨범을 준비하면서 여러 가지 데모를 녹음했는데, 이 자료는 뉴욕공립도서관에서 찾아볼 수 있다. 창작 과정을 이해할 수 있는 중요한 자료로 선택된 것이다. 언제 유명해질지 모르니 자신의 모든 작업물을 저장해야 한다는 예시일까, 유명해지는 순간 모든 게 수면 위로 떠오르니 부끄러운 기억들은 미리미리 삭제하라는 충고일까.

기술 혁신과 인공지능 발전을 선도하고 있는 OpenAI의 CEO 샘 알트만은 값싼 스파이럴 노트를 열렬하게 좋아한다. 일명 '코일 공책'이다. 샘 알트만은 스파이럴 노트의 가장 큰 장점이 '찢어 낼 수 있다는 점'이라고 말했다. 두 번째 장점은 노트를 힘들게

펴지 않고 언제나 평평하게 바닥에 거치할 수 있다는 것이다. 보관을 중요하게 생각하는 사람에게는 이상한 말로 들릴 수도 있다. 기껏 열심히 메모를 해 놓고 찢어 버리다니! 메모에 대한 생각의 차이를 알 수 있다. 메모란 써서 보관하는 것인가, 메모란 쓰면서 생각하고 버리는 것인가, 메모란 보관해 놓고 나중에 써먹는 것인가. 사람마다 좋아하는 공책이 다른 것도 이런 이유 때문이다.

나 역시 스파이럴 노트를 좋아한다. 언제나 새것처럼 사용할 수 있으니까. 조금 쓰다 만 스파이럴 노트는 앞부분만 찢어 내면 새것 같아진다. 찢어 낸 부분은 휴대폰으로 찍어서 저장해 두면 된다. 요즘엔 '문서 스캔' 기능이 몹시 좋아서 찢어 낸 종이를 보관하는 건 일도 아니다.

리걸 패드를 좋아하는 사람도 많다. 트루먼 카포티는 노란색 리걸 패드에 소설을 썼다. 빌 게이츠 역시 회의나 독서 중에 노란색 리걸 패드를 사용한다. 리걸 패드 역시 쉽게 찢을 수 있고, 어디서나 쉽게 구할 수 있다. 리걸 패드의 핵심은 왼쪽의 여백이다. 초기 리걸 패드에는 여백이 없었지만, 1900년경 한 지역 판사가 왼쪽에 여백을 추가해 달라고 요청하면서 지금 같은

형태가 되었다. 리걸 패드라는 이름 역시 법률가들이
법정이나 사무실에서 자주 사용해서 붙은 이름이다.
소설가 조너선 디는 소설 한 편을 쓰는 데 12권의 리걸
패드를 사용한다고 했다.

'리걸 패드'라는 이름 때문에 별로 끌리지 않았지만
메모할 때 요긴하긴 하다. 왼쪽의 여백이 공간을
효율적으로 분배하고, 노란색 배경은 집중하는 데
도움을 준다. 투두리스트로 사용할 때는 왼쪽에
체크박스를 만들고 오른쪽에 구체적인 항목을 쓰면
된다. 마크업 메모지로 사용할 때는 왼쪽에 제목을
쓰고 오른쪽에 본문을 쓰면 된다.

샘 알트만은 필기도구 역시 저렴한 볼펜을 선호한다.
유니볼 마이크로 0.5 볼펜이나 무인양품의 0.37
다크블루 잉크 펜이 가장 빠르게 메모할 수 있고
수정도 쉬워서 효율적이라고 한다. 메모는 거침없이
쓰는 거라서 필기도구가 더욱 중요할 수도 있다.
종이에 메모를 하려고 펜을 들었는데 잉크가 굳어
있다면 얼마나 짜증이 날까. 메모장과 필기도구의
조합도 중요하다. 만년필을 주로 사용하는 사람이라면
만년필 전용 메모장을 사용해야 한다. 포켓 노트도
만년필로 필기하기 어렵다.

내가 자주 쓰고 여러 자루 구입해 둔 것은 파이롯트 캡리스 만년필이다. 캡리스 만년필의 가장 큰 장점은 뚜껑을 열고 닫을 필요가 없다는 점이다. 노크온 방식으로 되어 있어서 머리 쪽을 딸깍 누르면 된다. 생각보다 만년필 잉크도 잘 마르지 않고 필기감도 좋다. 메모는 속도다! 만년필로도 메모를 잘할 수 있다.

> 존 스타인벡은 블랙윙 연필을 좋아했다. 글쓰기도 블랙윙으로 했고, 메모 역시 블랙윙으로 했다. 하루 작업을 시작하면서 24자루의 연필을 깎는 것으로 유명했다. 닐 게이먼은 소설을 쓸 때는 라미 만년필을 사용했지만, 사인을 해 줄 때는 파일럿 커스텀 823을 사용했다. 윈스턴 처칠은 오노토 만년필을 사용했다. 스티븐 킹은 소설 『드림 캐처』의 뒷부분에 이렇게 적었다. "이 책은 세상에서 가장 훌륭한 워드프로세서, 워터맨 카트리지 만년필로 작성되었다."

영화 감독이자 최고의 시나리오 작가이기도 한 아론 소킨은 칵테일 냅킨에 메모를 했다. 아마추어 작가 시절에 수많은 아르바이트를 했는데, '브로드웨이 바텐더'가 그중 최고의 직업이었다. 공연 시작 전에는 엄청나게 바쁘지만 일단 공연이 시작되면 중간 휴식 시간까지 자신만의 시간을 누릴 수 있었다. 그때 바에

놓인 칵테일 냅킨에 『어 퓨 굿 맨』의 대사를 적어
나갔다. 집에 돌아오면 주머니에 들어 있는 냅킨을
꺼내 조립을 시작했다.

냅킨 메모에 대한 가장 드라마틱한 사례는 경제학자
아서 래퍼일 것이다. 래퍼는 1974년 한 레스토랑에서
'세금과 정부 수입 간의 관계'를 설명하기 위해
냅킨에 곡선을 그렸는데, 이 '래퍼 곡선'은 이후
레이건 행정부의 경제정책을 뒷받침하는 논거가
되었다. 살바도르 달리는 츄파춥스 로고를 냅킨에
그렸고, 픽사의 초기 멤버들은 점심 식사 중 냅킨에
아이디어를 스케치하며 『벅스 라이프』와 『몬스터
주식회사』, 『니모를 찾아서』의 기본 개념을 구상했다.
이 정도 되면 냅킨 공책이 출시되어야 하는 게 아닌지
모르겠다. (어딘가 출시돼 있을지도…….) 냅킨이라는
형식 자체가 중요하다. 좋은 메모를 해야 한다는
생각을 버리게 만들어 준다. 그렇지만 냅킨에 누군가의
연락처는 적지 말도록 하자. 운명적으로 만난 사람의
연락처를 냅킨에 적었다가 그걸 잃어버리는 바람에
애가 타는 사람의 이야기를 영화에서 자주 보았다.

미국 코미디언 래리 데이비드는 항상 작은 노트를 가슴
주머니에 넣고 다녔다. 시트콤 『사인필드』를 만들 때,

아이디어가 떠오르지 않으면 노트를 뒤적였다. 그러면
과거의 자신이 아이디어를 선물해 주었다. 조지
루카스도 촬영 현장에서 늘 포켓 노트를 뒤적이며
새로운 아이디어를 적기도 하고 전에 써 놓은 것을
참조하기도 했다.

      찰스 다윈은 메모를 이용해 위대한 발견을 완성했다.
비글 호를 타고 항해하며 자연학자로 활동할 때 포켓
노트를 쓰기 시작했는데, 표본 수집과 관찰 내용을
15권의 필드 노트에 기록했다. '종의 기원'에 대한
추측도, '진화 나무'에 대한 스케치도 노트에 들어
있다. 다윈에게 포켓 노트는 대화 상대였다. 세상에
함부로 말할 수 없는 과감한 이론을 노트에 쓰면서
비밀 대화를 나누었다. 노트는 누구에게도 얘기하지
않고 비밀을 지켰다. 노트 속에서 다윈의 생각은 계속
바뀌었고, 성장했으며, 새로운 해답을 찾았다.

자신과 대화를 나누고 싶다면 노트에 생각을 적어
두자. 과거의 나와 토론하고 싶거나 미래의 나에게
충고하고 싶은 사람이 있다면 노트에 솔직한 생각을
적으면 된다. 다윈처럼 종의 기원을 밝히지는 못해도
'나의 기원' 정도는 충분히 알아낼 수 있다.

19세기에는 노트를 보호하기 위해 왁스를 바른 캔버스 가방이나 가죽 커버에 노트를 보관했고, 일부 필드 노트는 '밀랍 코팅'한 특수 종이를 사용하기도 했다. 다윈이 주로 연필을 사용한 것 역시 보관을 위한 선택이었을 것이다. 항해 중에는 세로로 넘기는 노트에다 연필로 빠르게 적었고, 집으로 돌아오면 커다란 노트에 옮겨 적었다. 요즘에는 현장 연구자들을 위한 방수 노트도 많이 나와 있다. 캐나다 회사 Notable Notebooks에서 출시한 방수 노트는 프릭션 펜으로 필기한 후 젖은 천으로 지워서 재사용할 수 있다. 욕실에서 급하게 메모할 일이 있는 사람에게 유용할 것이다. 방수 노트를 발명한 사람은 현장 연구자 출신이 아니라 아이디어를 떠올리기 위해 샤워를 자주 한 사람이었을 확률이 높다. 샤워하다가 좋은 아이디어가 떠올랐을 때, 생각을 꺼뜨리지 않고 밖으로 가지고 나가기 위해 애써 본 사람이라면 방수 노트를 떠올렸을 것이다. 『로마의 휴일』을 쓴 돌턴 트럼부는 아예 욕조에서 글을 썼으며, 냅킨 메모 전문가 아론 소킨은 글이 써지지 않을 때 하루에 여덟 번까지 샤워를 했다고 한다.

"머리는 아이디어를 떠올리는 곳이지, 보관하는 곳이 아니다." 『쏟아지는 일 완벽하게 해내는 법』을 쓴 데이비드 앨런이 한 말이다. 머릿속에 모든 할 일을 기억하려 하지 말고 외부 시스템에 기록하라는 얘기로, 이 말 자체가 'GTD'Get Things Done 철학의 핵심이다. GTD는 수집→명료화→정리→검토→ 실행하는 다섯 단계의 과정으로 이뤄진다. 일이 많은 사람은 이렇게 하는 게 맞다. 그렇지만 때로는 머리를 보관하는 곳으로 사용하는 것도 재미있다. 가장 좋은 방법은 '시를 외우는 것'이다. GTD의 핵심은 창의력과 감수성과 집중력을 키우는 것인데, 할 일 목록이 빠져 버린 두뇌에다 시를 투입하는 것은 얼마나 매력적인 일일까. 셰익스피어의 작품 속 대사를 외우고 다니는 사람의 이야기를 본 적이 있다. 그가 내뱉는 모든 말은 아름다웠고, 고색창연했다. 시를 외우면 언어가 바뀐다.

나오는 말
메모를 지우면 글이 완성된다

글을 쓴다. 지운다.
다시 글을 썼다가, 지운다.
좀처럼 앞으로 나아가질 못한다.
같은 자리를 맴돈다.
같은 자리인 것처럼 보이는, 다른 자리다.
메모를 한다. 지우지 않는다.
낙서 같은 메모를 하고, 지우지 않는다.
글은 지우는데 메모는 지우지 않는다.

> 글은 완성을 향해 나아가지만, 메모는 완성에 관심이 없다. 글은 쓰면 쓸수록 허점이 크게 보이지만, 메모는 미진한 채로 보아도 좋다. 맥락 없고 암호 같은 메모들, 공들이지 않은 스케치, 정체를 알 수 없는 숫자들, 사소한 기록, 누군가의 이름이 뒤섞여 있다. 메모는 완성되지 않은 채로 완성된다.

메모는 흐트러진 방과 같다. 난잡해 보이지만

체계가 있다. 머릿속 풍경을 솔직하게 보여 준다.
솔직하다는 건 뭘까? 여과 없다는 뜻일까? 머릿속에
들어 있던 추상적인 생각이 전기 신호로 연결된 손으로
전해진 다음 문자로 완성된다. 추상적인 생각과 완성된
문자는 같지 않다. 비슷할 뿐이다.

> 때로는 문자의 형태로 생각을 할 때도 있다. 오랫동안
> 글을 쓴 사람은 이런 증세에 시달린다. 추상적이고
> 위대한 생각을 하고 싶은데, 자꾸만 생각부터 문자로
> 시작한다. 대단한 생각을 한 것 같은데, 문자로 써 놓고
> 보면 그렇게 초라할 데가 없다.

메모는 글과 그림과 소리와 행동을 아우르는 개념이다.
자고 일어나서 머리맡의 메모지에다 글을 끄적거리는
것만 메모가 아니다. 어떤 형태를 떠올리고, 스케치를
해 보는 것, 어떤 멜로디를 흥얼거리다 녹음해 보는
것, 춤을 춰 보면서 감정을 전달하려 애쓰는 것 모두
메모의 일종이다. 메모는 아직 완성되지 못한 모든
원초적인 아이디어를 날아가지 않게 담아 두려는
급속냉동법이다.

> 메모는 작품이 완성되면 잊힌다. 사다리 역할만 하고,
> 건물이 완성되면 치워진다. 그럴 운명이다. 그 편이

자유롭다. 영화 『미션 임파서블』의 임무 메시지처럼
'확인 후 30초 지나면 자동으로 파괴'되는 걸 작가들은
원한다. 작가들은 메모를 꽁꽁 숨겨 둔다.

대중들은 완성된 예술품의 초기 형태를 보고 싶어
하고, 간혹 전시회에서 작가가 쓴 메모를 만나기도
하지만 작가들은 부끄러울 때가 많다. 세수하기 전의
얼굴이랄까, 다듬지 않은 방망이 같달까, 편곡을 하지
않은 데모 버전의 녹음을 내보이는 게 기꺼운 작가는
드물다.

메모를 시작하는 순간 우리 모두는 작가가 될 수 있다.
완성에 대한 근심은 집어던지고, 민낯을 부끄러워할
필요도 없다. 근처에 있는 종이를 집어 들자. 거기에다
뭐라도 적어 보자. 갑자기 떠오르는 단어도 좋다.
단어는 또 다른 단어를 불러올 것이다. 단어들은
서로의 이름을 부르며 자신들의 마을을 만들 것이다.

그림도 좋다. 숫자를 적어도 좋고, 누군가의 이름을
쓰는 것도 재미있다. 머릿속으로 생각만 했던 생각과
발음과 형상을 종이에 메모하는 순간, 세상은
구체적으로 눈앞에 다가올 것이다. 글씨를 못 써도
상관없다. 세상에 '악필'과 '똥손'은 존재하지 않는

허구의 산물이다. 메모한 종이를 책상 앞이나 벽에다 붙여 두자. 오며 가며 메모를 들여다보자.

> 메모를 시작하는 순간 세상을 다르게 볼 수 있다.
> 보이지 않던 게 보이고, 알고 있던 게 새로워진다.
> 별 쓸데없는 생각으로 종이를 낭비하는 게 아니냐고?
> 떠오른 생각을 종이에 적어 보지 않고 허공으로 날려
> 버리는 게 더 큰 낭비가 아닐까?

메모를 시작하자.

미묘한 메모의 묘미
: 시작은 언제나 메모였다

2025년 7월 4일   초판 1쇄 발행
2025년 11월 4일   초판 4쇄 발행

지은이
김중혁

펴낸이 | **펴낸곳** | **등록**
조성웅 | 도서출판 유유 | 제406-2010-000032호 (2010년 4월 2일)

주소
경기도 파주시 돌곶이길 180-38, 2층 (우편번호 10881)

전화 | **팩스** | **홈페이지** | **전자우편**
031-946-6869 | 0303-3444-4645 | uupress.co.kr | uupress@gmail.com

| | **페이스북** | **트위터** | **인스타그램** |
| | facebook.com/uupress | twitter.com/uu_press | instagram.com/uupress |

편집 | **디자인** | **조판** | **마케팅**
인수, 조은 | 이기준 | 정은정 | 전민영

제작 | **인쇄** | **제책** | **물류**
제이오 | (주)민언프린텍 | 다온바인텍 | 책과일터

ISBN 979-11-6770-129-9 03810